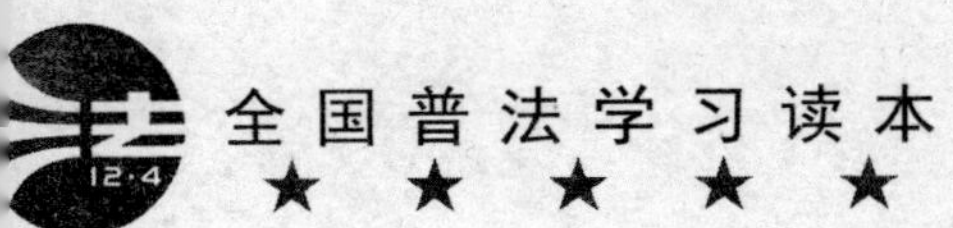

农业机械法律法规学习读本

农业机械综合管理法律法规

曾 朝 主编

加大全民普法力度，建设社会主义法治文化，树立宪法法律至上、法律面前人人平等的法治理念。

——中国共产党第十九次全国代表大会《决胜全面建成小康社会 夺取新时代中国特色社会主义伟大胜利》

汕頭大學出版社

图书在版编目（CIP）数据

农业机械综合管理法律法规 / 曾朝主编. -- 汕头 : 汕头大学出版社（2021.7重印）

（农业机械法律法规学习读本）

ISBN 978-7-5658-3522-3

Ⅰ. ①农… Ⅱ. ①曾… Ⅲ. ①农业机械-农业法-中国-学习参考资料 Ⅳ. ①D922. 44

中国版本图书馆 CIP 数据核字（2018）第 037634 号

农业机械综合管理法律法规　NONGYE JIXIE ZONGHE GUANLI FALÜ FAGUI

主　　编：曾　朝
责任编辑：邹　峰
责任技编：黄东生
封面设计：大华文苑
出版发行：汕头大学出版社
　　　　　广东省汕头市大学路 243 号汕头大学校园内　邮政编码：515063
电　　话：0754-82904613
印　　刷：三河市南阳印刷有限公司
开　　本：690mm×960mm 1/16
印　　张：18
字　　数：226 千字
版　　次：2018 年 5 月第 1 版
印　　次：2021 年 7 月第 2 次印刷
定　　价：59.60 元（全 2 册）
ISBN 978-7-5658-3522-3

前 言

习近平总书记指出："推进全民守法，必须着力增强全民法治观念。要坚持把全民普法和守法作为依法治国的长期基础性工作，采取有力措施加强法制宣传教育。要坚持法治教育从娃娃抓起，把法治教育纳入国民教育体系和精神文明创建内容，由易到难、循序渐进不断增强青少年的规则意识。要健全公民和组织守法信用记录，完善守法诚信褒奖机制和违法失信行为惩戒机制，形成守法光荣、违法可耻的社会氛围，使遵法守法成为全体人民共同追求和自觉行动。"

中共中央、国务院曾经转发了中央宣传部、司法部关于在公民中开展法治宣传教育的规划，并发出通知，要求各地区各部门结合实际认真贯彻执行。通知指出，全民普法和守法是依法治国的长期基础性工作。深入开展法治宣传教育，是全面建成小康社会和新农村的重要保障。

普法规划指出：各地区各部门要根据实际需要，从不同群体的特点出发，因地制宜开展有特色的法治宣传教育坚持集中法治宣传教育与经常性法治宣传教育相结合，深化法律进机关、进乡村、进社区、进学校、进企业、进单位的"法律六进"主题活动，完善工作标准，建立长效机制。

特别是农业、农村和农民问题，始终是关系党和人民事业发展的全局性和根本性问题。党中央、国务院发布的《关于推进社会主义新农村建设的若干意见》中明确提出要"加强农村法制建设，深入开展农村普法教育，增强农民的法制观念，提高农民依法行使权利和履行义务的自觉性。"多年普法实践证明，普及法律知识，提高法制观念，增强全社会依法办事意识具有重要作用。特别是在广大农村进行普法教育，是提高全民法律素质的需要。

多年来，我国在农村实行的改革开放取得了极大成功，农村发生了翻天覆地的变化，广大农民生活水平大大得到了提高。但是，由于历史和社会等原因，现阶段我国一些地区农民文化素质还不高，不学法、不懂法、不守法现象虽然较原来有所改变，但仍有相当一部分群众的法制观念仍很淡化，不懂、不愿借助法律来保护自身权益，这就极易受到不法的侵害，或极易进行违法犯罪活动，严重阻碍了全面建成小康社会和新农村步伐。

为此，根据党和政府的指示精神以及普法规划，特别是根据广大农村农民的现状，在有关部门和专家的指导下，特别编辑了这套《全国普法学习读本》。主要包括了广大人民群众应知应懂、实际实用的法律法规。为了辅导学习，附录还收入了相应法律法规的条例准则、实施细则、解读解答、案例分析等；同时为了突出法律法规的实际实用特点，兼顾地方性和特殊性，附录还收入了部分某些地方性法律法规以及非法律法规的政策文件、管理制度、应用表格等内容，拓展了本书的知识范围，使法律法规更“接地气”，便于读者学习掌握和实际应用。

在众多法律法规中，我们通过甄别，淘汰了废止的，精选了最新的、权威的和全面的。但有部分法律法规有些条款不适应当下情况了，却没有颁布新的，我们又不能擅自改动，只得保留原有条款，但附录却有相应的补充修改意见或通知等。众多法律法规根据不同内容和受众特点，经过归类组合，优化配套。整套普法读本非常全面系统，具有很强的学习性、实用性和指导性，非常适合用于广大农村和城乡普法学习教育与实践指导。总之，是全国全民普法的良好读本。

目　录

中华人民共和国农业机械化促进法

农业机械试验鉴定办法

农业机械购置补贴专项资金使用管理暂行办法

附　录

中华人民共和国农业机械化促进法

中华人民共和国主席令

第十六号

《中华人民共和国农业机械化促进法》已由中华人民共和国第十届全国人民代表大会常务委员会第十次会议于2004年6月25日通过，现予公布，自2004年11月1日起施行。

中华人民共和国主席　胡锦涛

2004年6月25日

第一章　总　则

第一条　为了鼓励、扶持农民和农业生产经营组织使用先进适用的农业机械，促进农业机械化，建设现代农业，制定本法。

第二条 本法所称农业机械化，是指运用先进适用的农业机械装备农业，改善农业生产经营条件，不断提高农业的生产技术水平和经济效益、生态效益的过程。

本法所称农业机械，是指用于农业生产及其产品初加工等相关农事活动的机械、设备。

第三条 县级以上人民政府应当把推进农业机械化纳入国民经济和社会发展计划，采取财政支持和实施国家规定的税收优惠政策以及金融扶持等措施，逐步提高对农业机械化的资金投入，充分发挥市场机制的作用，按照因地制宜、经济有效、保障安全、保护环境的原则，促进农业机械化的发展。

第四条 国家引导、支持农民和农业生产经营组织自主选择先进适用的农业机械。任何单位和个人不得强迫农民和农业生产经营组织购买其指定的农业机械产品。

第五条 国家采取措施，开展农业机械化科技知识的宣传和教育，培养农业机械化专业人才，推进农业机械化信息服务，提高农业机械化水平。

第六条 国务院农业行政主管部门和其他负责农业机械化有关工作的部门，按照各自的职责分工，密切配合，共同做好农业机械化促进工作。

县级以上地方人民政府主管农业机械化工作的部门和其他有关部门，按照各自的职责分工，密切配合，共同做好本行政区域的农业机械化促进工作。

第二章　科研开发

第七条 省级以上人民政府及其有关部门应当组织有关单

位采取技术攻关、试验、示范等措施，促进基础性、关键性、公益性农业机械科学研究和先进适用的农业机械的推广应用。

第八条 国家支持有关科研机构和院校加强农业机械化科学技术研究，根据不同的农业生产条件和农民需求，研究开发先进适用的农业机械；支持农业机械科研、教学与生产、推广相结合，促进农业机械与农业生产技术的发展要求相适应。

第九条 国家支持农业机械生产者开发先进适用的农业机械，采用先进技术、先进工艺和先进材料，提高农业机械产品的质量和技术水平，降低生产成本，提供系列化、标准化、多功能和质量优良、节约能源、价格合理的农业机械产品。

第十条 国家支持引进、利用先进的农业机械、关键零配件和技术，鼓励引进外资从事农业机械的研究、开发、生产和经营。

第三章 质量保障

第十一条 国家加强农业机械化标准体系建设，制定和完善农业机械产品质量、维修质量和作业质量等标准。对农业机械产品涉及人身安全、农产品质量安全和环境保护的技术要求，应当按照有关法律、行政法规的规定制定强制执行的技术规范。

第十二条 产品质量监督部门应当依法组织对农业机械产品质量的监督抽查。

工商行政管理部门应当依法加强对农业机械产品市场的监督管理工作。

国务院农业行政主管部门和省级人民政府主管农业机械化工作的部门根据农业机械使用者的投诉情况和农业生产的实际需要，可以组织对在用的特定种类农业机械产品的适用性、安全性、可靠性和售后服务状况进行调查，并公布调查结果。

第十三条 农业机械生产者、销售者应当对其生产、销售的农业机械产品质量负责，并按照国家有关规定承担零配件供应和培训等售后服务责任。

农业机械生产者应当按照国家标准、行业标准和保障人身安全的要求，在其生产的农业机械产品上设置必要的安全防护装置、警示标志和中文警示说明。

第十四条 农业机械产品不符合质量要求的，农业机械生产者、销售者应当负责修理、更换、退货；给农业机械使用者造成农业生产损失或者其他损失的，应当依法赔偿损失。农业机械使用者有权要求农业机械销售者先予赔偿。农业机械销售者赔偿后，属于农业机械生产者的责任的，农业机械销售者有权向农业机械生产者追偿。

因农业机械存在缺陷造成人身伤害、财产损失的，农业机械生产者、销售者应当依法赔偿损失。

第十五条 列入依法必须经过认证的产品目录的农业机械产品，未经认证并标注认证标志，禁止出厂、销售和进口。

禁止生产、销售不符合国家技术规范强制性要求的农业机械产品。

禁止利用残次零配件和报废机具的部件拼装农业机械产品。

第四章　推广使用

第十六条　国家支持向农民和农业生产经营组织推广先进适用的农业机械产品。推广农业机械产品，应当适应当地农业发展的需要，并依照农业技术推广法的规定，在推广地区经过试验证明具有先进性和适用性。

农业机械生产者或者销售者，可以委托农业机械试验鉴定机构，对其定型生产或者销售的农业机械产品进行适用性、安全性和可靠性检测，作出技术评价。农业机械试验鉴定机构应当公布具有适用性、安全性和可靠性的农业机械产品的检测结果，为农民和农业生产经营组织选购先进适用的农业机械提供信息。

第十七条　县级以上人民政府可以根据实际情况，在不同的农业区域建立农业机械化示范基地，并鼓励农业机械生产者、经营者等建立农业机械示范点，引导农民和农业生产经营组织使用先进适用的农业机械。

第十八条　国务院农业行政主管部门会同国务院财政部门、经济综合宏观调控部门，根据促进农业结构调整、保护自然资源与生态环境、推广农业新技术与加快农机具更新的原则，确定、公布国家支持推广的先进适用的农业机械产品目录，并定期调整。省级人民政府主管农业机械化工作的部门会同同级财政部门、经济综合宏观调控部门根据上述原则，确定、公布省级人民政府支持推广的先进适用的农业机械产品目录，并定期调整。

列入前款目录的产品，应当由农业机械生产者自愿提出申请，并通过农业机械试验鉴定机构进行的先进性、适用性、安全性和可靠性鉴定。

第十九条 国家鼓励和支持农民合作使用农业机械，提高农业机械利用率和作业效率，降低作业成本。

国家支持和保护农民在坚持家庭承包经营的基础上，自愿组织区域化、标准化种植，提高农业机械的作业水平。任何单位和个人不得以区域化、标准化种植为借口，侵犯农民的土地承包经营权。

第二十条 国务院农业行政主管部门和县级以上地方人民政府主管农业机械化工作的部门，应当按照安全生产、预防为主的方针，加强对农业机械安全使用的宣传、教育和管理。

农业机械使用者作业时，应当按照安全操作规程操作农业机械，在有危险的部位和作业现场设置防护装置或者警示标志。

第五章 社会化服务

第二十一条 农民、农业机械作业组织可以按照双方自愿、平等协商的原则，为本地或者外地的农民和农业生产经营组织提供各项有偿农业机械作业服务。有偿农业机械作业应当符合国家或者地方规定的农业机械作业质量标准。

国家鼓励跨行政区域开展农业机械作业服务。各级人民政府及其有关部门应当支持农业机械跨行政区域作业，维护作业秩序，提供便利和服务，并依法实施安全监督管理。

第二十二条 各级人民政府应当采取措施，鼓励和扶持发展多种形式的农业机械服务组织，推进农业机械化信息网络建设，完善农业机械化服务体系。农业机械服务组织应当根据农民、农业生产经营组织的需求，提供农业机械示范推广、实用技术培训、维修、信息、中介等社会化服务。

第二十三条 国家设立的基层农业机械技术推广机构应当以试验示范基地为依托，为农民和农业生产经营组织无偿提供公益性农业机械技术的推广、培训等服务。

第二十四条 从事农业机械维修，应当具备与维修业务相适应的仪器、设备和具有农业机械维修职业技能的技术人员，保证维修质量。维修质量不合格的，维修者应当免费重新修理；造成人身伤害或者财产损失的，维修者应当依法承担赔偿责任。

第二十五条 农业机械生产者、经营者、维修者可以依照法律、行政法规的规定，自愿成立行业协会，实行行业自律，为会员提供服务，维护会员的合法权益。

第六章 扶持措施

第二十六条 国家采取措施，鼓励和支持农业机械生产者增加新产品、新技术、新工艺的研究开发投入，并对农业机械的科研开发和制造实施税收优惠政策。

中央和地方财政预算安排的科技开发资金应当对农业机械工业的技术创新给予支持。

第二十七条 中央财政、省级财政应当分别安排专项资金，对农民和农业生产经营组织购买国家支持推广的先进适用的农业机械给予补贴。补贴资金的使用应当遵循公开、公正、及时、有效的原则，可以向农民和农业生产经营组织发放，也可以采用贴息方式支持金融机构向农民和农业生产经营组织购买先进适用的农业机械提供贷款。具体办法由国务院规定。

第二十八条 从事农业机械生产作业服务的收入，按照国家规定给予税收优惠。

国家根据农业和农村经济发展的需要，对农业机械的农业生产作业用燃油安排财政补贴。燃油补贴应当向直接从事农业机械作业的农民和农业生产经营组织发放。具体办法由国务院规定。

第二十九条 地方各级人民政府应当采取措施加强农村机耕道路等农业机械化基础设施的建设和维护，为农业机械化创造条件。

县级以上地方人民政府主管农业机械化工作的部门应当建立农业机械化信息搜集、整理、发布制度，为农民和农业生产经营组织免费提供信息服务。

第七章　法律责任

第三十条 违反本法第十五条规定的，依照产品质量法的有关规定予以处罚；构成犯罪的，依法追究刑事责任。

第三十一条 农业机械驾驶、操作人员违反国家规定的安全操作规程，违章作业的，责令改正，依照有关法律、行政法规的规定予以处罚；构成犯罪的，依法追究刑事责任。

第三十二条 农业机械试验鉴定机构在鉴定工作中不按照规定为农业机械生产者、销售者进行鉴定，或者伪造鉴定结果、出具虚假证明，给农业机械使用者造成损失的，依法承担赔偿责任。

第三十三条 国务院农业行政主管部门和县级以上地方人民政府主管农业机械化工作的部门违反本法规定，强制或者变相强制农业机械生产者、销售者对其生产、销售的农业机械产品进行鉴定的，由上级主管机关或者监察机关责令限期改正，并对直接负责的主管人员和其他直接责任人员给予行政处分。

第三十四条 违反本法第二十七条、第二十八条规定，截留、挪用有关补贴资金的，由上级主管机关责令限期归还被截留、挪用的资金，没收非法所得，并由上级主管机关、监察机关或者所在单位对直接负责的主管人员和其他直接责任人员给予行政处分；构成犯罪的，依法追究刑事责任。

第八章　附　则

第三十五条 本法自2004年11月1日起施行。

附　录

农业机械质量调查办法

中华人民共和国农业部令

第69号

《农业机械质量调查办法》业经2006年8月14日农业部第18次常务会议审议通过，现予公布，自2006年11月1日起施行。

农业部部长

二〇〇六年八月二十日

第一章　总　则

第一条　为了规范农业机械质量调查工作，加强农业机械产品质量监督管理，维护农业机械使用者和生产者、销售者的合法权益，依据《中华人民共和国农业机械化促进法》，制定本办法。

第二条　本办法所称农业机械质量调查（以下简称质量调

查)，是指省级以上人民政府农业机械化行政主管部门组织对在用特定种类农业机械产品的适用性、安全性、可靠性和售后服务状况进行调查监督的活动。

第三条 农业部主管全国质量调查工作，统一质量调查规范，协调跨省的质量调查，制定并组织实施全国质量调查计划，公布调查结果。

省级人民政府农业机械化行政主管部门负责本行政区域内的质量调查工作，制定并组织实施本行政区域的质量调查计划，公布调查结果。

第四条 质量调查的具体工作由省级以上农业机械试验鉴定机构承担，农业机械化技术推广、安全监理等机构配合。调查涉及地区的农业、农业机械化行政主管部门应当予以支持协助。

第五条 质量调查坚持科学、公正、公开的原则，接受农业机械使用者、生产者、销售者和社会的监督。

第六条 质量调查不向调查涉及的单位和个人收取任何费用。

第二章　质量调查的确定

第七条 县级以上人民政府农业机械化行政主管部门应当明确农机质量投诉机构，负责受理投诉，统计、分析、报送投诉信息，为制定质量调查计划提供依据。

农机质量投诉机构的地址和联系电话应当向社会公布。

第八条 农业机械试验鉴定机构应当加强质量信息收集和调查研究工作，并提出质量调查建议。

第九条 质量调查计划应当根据农业机械使用者的投诉情况和农业生产的实际需要制定，并及时公布。

省级质量调查计划在公布前应当报农业部备案。

第十条 质量调查计划应当明确质量调查的名称、目的、内容、范围、对象、时间、方法、实施单位等事项。

第十一条 列入质量调查计划的农业机械产品，应当具备下列条件之一：

（一）属于国家财政补贴、优惠信贷、政府采购等政策支持范围的；

（二）对人体健康、人身和财产安全、资源节约、环境保护有重大影响的；

（三）出现集中质量投诉或者重大质量事故的。

第十二条 质量调查内容包括：

（一）安全性调查：对农业机械影响人体健康、人身和财产安全、环境保护的程度进行调查；

（二）可靠性调查：对农业机械故障情况进行调查；

（三）适用性调查：对农业机械在不同地域、不同作物及品种或者不同耕作制度的作业效果进行调查；

（四）售后服务状况调查：对企业质量承诺和售后服务承诺兑现情况进行调查。

第十三条 承担质量调查任务的省级以上农业机械试验鉴定机构（以下称调查承担单位）接受任务后，应当制定实施方案，报下达任务的省级以上人民政府农业机械化行政主管部门（以下称任务下达部门）批准。

实施方案应当包括质量调查的具体内容、程序、样本数量和分布、技术路线、调查方法和依据标准、调查表格和填写说明、数据统计处理方法、工作分工、参加人员等。

第十四条 任务下达部门批准实施方案后，应当向调查承担单位下达质量调查任务书。

第三章 质量调查的实施

第十五条 调查承担单位应当对调查人员进行培训，发放当次质量调查证件。

第十六条 进行质量调查时，调查人员应当向被调查方出示质量调查任务书和质量调查证件。

质量调查采取问询查证、发放问卷、现场跟踪、召开座谈会等方式进行。必要时依据国家标准、行业标准、企业标准或者企业质量承诺进行试验检测。

第十七条 被调查方应当配合质量调查工作，按照调查要求及时提供有关资料和信息，并对其真实性负责。

第十八条 质量调查结束后，调查承担单位应当按照实施方案要求汇总、处理和分析调查信息，形成调查报告，报送任务下达部门。

第十九条 调查承担单位和调查人员对调查结果负责，对调查中涉及的商业秘密应当依法保密，不得利用质量调查进行有偿活动。

第四章 监督管理

第二十条 任务下达部门收到调查报告后，应当对调查内容、程序、方法是否符合实施方案的规定进行审查。

审查工作应当在收到调查报告之日起 20 个工作日内完成。审查通过的，任务下达部门应当及时公布质量调查结果。

省级质量调查结果应当在公布前报农业部备案。

第二十一条 调查承担单位应当在质量调查结果公布后 20 个工作日内组织召开质量分析会，向有关企业通报调查中发现的问题，提出改进建议。

对质量调查中发现的产品质量或售后服务问题严重的生产或者销售企业，由任务下达部门责令整改。

第二十二条 企业对整改通知有异议的，应当在收到通知后 15 个工作日内书面提出；逾期未提出的，视为无异议。

整改通知下达部门应当在收到企业书面异议之日起 15 个工作日内予以答复。

第二十三条 企业对整改通知无异议的，或者有异议而未被采纳的，应当按照通知要求报告整改情况，由整改通知下达部门组织确认。

第五章 罚 则

第二十四条 调查承担单位和人员有下列情形之一的，责令改正，对单位负责人和其他直接责任人员，依法给予处分；情节严重的，取消调查承担单位或者个人的质量调查资格：

（一）不按规定进行调查、伪造调查结果、瞒报或者出具虚假证明的；

（二）利用质量调查从事有偿活动的；

（三）擅自透露质量调查相关信息造成不良后果的；

（四）有其他徇私舞弊、滥用职权、玩忽职守行为的。

调查承担单位和个人利用质量调查获取违法所得的，予以追缴。

第二十五条 被调查的企业和个人虚报、瞒报、伪造、篡改有关资料，或者拒不配合调查工作的，由所在地农业机械化行政主管部门责令改正；情节严重的，对所涉及产品由省级以上人民政府农业机械化行政主管部门注销农业机械推广鉴定证书、取消列入国家支持推广的农业机械产品目录资格。

第二十六条 企业收到整改通知后拒不整改或者逾期达不到整改要求的，整改通知下达部门应当注销该产品的农业机械推广鉴定证书、取消列入国家支持推广的农业机械产品目录的资格；属于实施生产许可证或强制性认证的产品，还应当向有关主管部门通报情况。

第六章 附 则

第二十七条 本办法自 2006 年 11 月 1 日起施行。

中国农机产品质量认证管理办法

(1998 年 7 月 7 日国家质量技术监督局发布)

第一条 为有效地开展农机产品质量认证（以下简称认证）工作，依据《中华人民共和国产品质量认证管理条例》、《产品质量认证机构认可准则》和《中国农机产品质量认证管理委员会章程》，制定本办法。

第二条 认证分为安全认证和合格认证，认证的范围为农业机械及其零部件。

第三条 认证所依据的标准为国家标准、行业标准及必要的补充技术要求，必须使用的其它标准或补充技术要求，需报国家技术监督局备案。

第四条 企业申请认证条件

一、有明确法人地位的实体（以下简称企业)。

二、产品应有注册商标、质量稳定、批量生产并符合认证用标准要求。

三、企业已按 GB/T19000—1994 系列质量保证标准及补充专业技术要求建立了质量体系并已运行。

第五条 认证程序

一、申请认证

申请认证的企业需填写中国农机产品质量认证申请书，报送中国农机产品质量认证中心（以下简称 CAM)。中国境外企业的申请书应有中、英文对照文字。

二、审查材料

CAM 对企业提交的认证申请材料进行审查，审查合格的，由 CAM 负责与企业签订合同；不合格的，退企业修改，直至符合审查要求。

三、交纳费用

企业在合同签订后两周内，按《中国农机产品质量认证收费办法》的有关规定，向 CAM 交纳认证费。

四、制定认证计划

CAM 组织制定认证计划，经申请人认可后实施。

五、企业质量体系审核

CAM 组织审核组对企业质量体系进行审核，在规定时间内提交质量体系审核报告。

六、产品检验

（一）CAM 组织安排产品抽样，企业负责按有关规定将样品送达 CAM 指定的检验机构。

（二）检验机构检验样品并在规定时间内按 CAM 的要求提交检验报告。

七、认证报告

（一）认证报告经 CAM 审核通过后，由认证中心主任批准，向通过认证的企业颁发认证证书并准许使用认证标志；整改的企业可在半年内向 CAM 提出复审申请，并缴纳复审费。复审未通过或超过整改期限不提出复审申请的，撤销本次认证申请。

（二）CAM 负责将获准认证的产品及其生产企业报送国家质量技术监督局备案，并向社会公布和宣传。

八、认证后的监督

（一）在认证书有效期内，CAM每年对获证企业的质量体系和认证产品进行一次监督检查。

（二）监督检查的样品可以从市场或企业中抽取，抽取的样品必须带有CAM的认证标志，市场抽取的样品由认证产品的生产企业向被抽取的单位补偿。

（三）企业应按规定向CAM交纳监督检查费。

第六条 认证证书和标志

一、认证证书和标志分为安全认证和合格认证两种，认证标志允许用于获准认证的产品及其包装上。企业的联营厂、分厂和附属厂均不得使用。

二、认证标志不能代替产品合格证使用，也不能从一种产品转用到另一种产品上。

三、认证证书有效期四年。企业在认证有效期终止之前三个月至半年，可重新提出认证申请。由CAM按认证程序进行评审，并可区别情况简化部分评审内容。

第七条 认证证书和标志的管理

一、出现下列情况之一者，认证证书持有者应当重新换证。

（一）认证产品变更的；

（二）认证证书持有者变更的；

（三）使用新商标名称的。

二、出现下列情况之一者，CAM有权责令企业暂停使用认证证书和认证标志并限期（最长不超过六个月）整改。

（一）产品质量或质量体系达不到认证标准要求的；

（二）用户对认证产品质量投诉多或因产品质量引发重大安全事故的；

（三）未按规定正确使用认证证书和认证标志的。

CAM 负责向中国农机产品质量认证管理委员会（以下简称 CCAM）通报暂停企业及产品名录。在企业提出恢复使用认证证书和标志的申请，并向 CAM 交纳复审费后，CAM 对企业实施审查，审查合格的，允许企业继续使用认证证书和标志。

三、出现下列情况之一者，CAM 有权撤销认证证书，停止企业使用认证标志，并将撤证企业及产品名录报 CCAM 和国家质量技术监督局备案。

（一）企业接到暂停使用认证证书和认证标志的通知后，不能按要求整改的；

（二）违反 CMA 的有关规定，损害认证标志信誉的；

（三）用户反映强烈，质量问题较多，造成严重后果的；

（四）自愿要求撤销认证的；

（五）拒绝按规定缴纳认证费用的。

被撤销认证证书的企业，自发出撤销通知之日起一年后，CAM 方可再次受理其认证申请。

第八条　投诉和申诉

一、CAM 受理对认证人员和产品承检机构的投诉，CCAM 受理对 CAM 的投诉。

二、对 CAM 处理的投诉有异议，可向 CCAM 或国家质量技术监督局申诉，对 CCAM 处理的投诉有异议，可向国家质量技术监督局申诉。

第九条　保密

参与认证活动的人员对申请认证企业的技术、经营等内部情况和资料有保守秘密的义务。

第十条　附则

一、本办法经国家质量技术监督局批准后实施。

二、本办法由 CCAM 负责解释。

三、本办法自批准之日起生效。

农业机械质量投诉监督工作管理办法

农业部关于印发

《农业机械质量投诉监督工作管理办法》的通知

农机发〔2008〕1号

各省、自治区、直辖市农机管理局（办公室）：

为贯彻落实《中华人民共和国农业机械化促进法》和《农业机械质量调查办法》（农业部令第69号）的有关规定，在征求各地及各有关部门意见的基础上，我部制定了《农业机械质量投诉监督管理办法》（以下简称《办法》），现予印发，请遵照执行。

各地要按照《办法》要求尽快明确农业机械质量投诉监督机构，建立健全农业机械质量投诉监督体系，有效开展农业机械质量投诉监督工作，切实维护农业机械所有者、使用者和生产者的合法权益，大力促进农业机械产品质量、作业质量、维修质量和售后服务水平的稳步提高。

二〇〇八年一月十四日

第一章 总 则

第一条 为了强化对农业机械质量的监督管理，规范农业机械质量投诉监督工作，提高农业机械质量和售后服务水平，维护农业机械所有者、使用者和生产者的合法权益，根据《中华人民共和国农业机械化促进法》制定本办法。

第二条 本办法所称投诉监督，是指依据农业机械投诉者反映的质量信息，有针对性地采取质量督导、质量调查、公布投诉结果等措施，从而达到解决纠纷，促进农业机械质量提高的活动。

第三条 凡因农业机械产品质量、作业质量、维修质量和售后服务引起的争议，均可向农业机械质量投诉监督机构投诉，也可向当地消费者协会投诉。

第四条 农业机械质量投诉的受理和调解实行无偿服务。鼓励就地就近进行投诉。

第二章 投诉监督机构

第五条 县级以上人民政府农业机械化行政主管部门应当明确农业机械质量投诉监督机构，并保障必要的工作条件和经费。

第六条 农业机械质量投诉监督机构应当具备符合工作要求的人员、场所、设备和工作制度。

第七条 农业机械质量投诉监督机构主要职责：

（一）受理农业机械质量投诉或其他行政部门转交的投诉案件，依法调解质量纠纷。必要时，组织进行现场调查；

（二）定期分析、汇总和上报投诉情况材料，提出对有关农业机械实施监督的建议；

（三）协助其他农业机械质量投诉监督机构处理涉及本区

域投诉案件的调查等事宜；

(四) 参与省级以上人民政府农业机械化行政主管部门组织的农业机械质量调查工作；

(五) 向农民提供国家支持推广的农业机械产品的质量信息咨询服务；

(六) 对下级农业机械质量投诉监督机构进行业务指导。

第八条 从事投诉受理、调解工作的人员应具备的基本条件：

(一) 热爱农业机械投诉监督工作，有较强的事业心和责任感；

(二) 熟悉相关法律、法规和政策，具有必要的农业机械专业知识；

(三) 经省级以上农业机械质量投诉监督机构培训合格。

第九条 县级以上人民政府农业机械化行政主管部门应当公布其农业机械质量投诉监督机构的名称、地址、联系电话、邮编、联系人、传真、电子邮件等信息。

第三章 投诉受理

第十条 投诉者应是具备民事行为能力从事农业生产的农业机械所有者或使用者。

第十一条 投诉者应提供书面投诉材料，内容至少包括：

(一) 投诉者姓名、通讯地址、邮政编码、联系电话以及被投诉方名称或姓名、通讯地址、邮政编码、联系电话等准确信息。

(二) 农业机械产品的名称、型号、价格、购买日期、维修日期、销售商、维修商，质量问题和损害事实发生的时间、地点、过程、故障状况描述以及与被投诉方协商的情况等信息。

（三）有关证据。包括合同、发票、“三包”凭证、合格证等复印件。

（四）明确的投诉要求。农忙季节或情况紧急时，农业机械质量投诉监督机构可以详细记录投诉者通过电话或其他方式反映的情况并与被投诉方联系进行调解，如双方能协商一致，达成和解，投诉者可以不再提供书面材料。

第十二条 有下列情形之一的投诉，不予受理：

（一）没有明确的质量诉求和被投诉方的；

（二）在国家规定和生产企业承诺的“三包”服务之外发生质量纠纷的（因农业机械产品质量缺陷造成人身、财产伤害的除外）；

（三）法院、仲裁机构、有关行政部门、地方消费者协会或其他农业机械质量投诉机构已经受理或已经处理的；

（四）争议双方曾达成调解协议并已履行，且无新情况、新理由、新证据的；

（五）其他不符合有关法律、法规规定的。

第十三条 农业机械质量投诉监督机构接到投诉后，应建立档案并在2个工作日内作出是否受理的答复。不符合受理条件的，应告知投诉者不受理的理由。

第四章 投诉处理

第十四条 投诉处理应以事实为依据，依法进行调解。

第十五条 农业机械质量投诉监督机构受理投诉后，应及时将投诉情况通知被投诉方并要求其在接到通知后 3 日内进行处理，农忙季节应在 2 日内进行处理。被投诉方应将处理结果以书面形式反馈农业机械质量投诉监督机构。

争议双方经调解达成解决方案的，应形成书面协议，由农业机械质量投诉监督机构负责督促双方执行。

第十六条 需要进行现场调查的，农业机械质量投诉监督机构可聘请农业机械鉴定机构进行现场调查，现场调查应征得投诉双方同意后进行。调解中需要进行检验或技术鉴定的，由争议双方协商确定实施检验或鉴定的农业机械试验鉴定机构和所依据的技术规范。检验或鉴定所发生的费用由责任方承担。

第十七条 调查、调解过程中涉及其他行政区域时，其他行政区域所在地的农业机械质量投诉监督机构应给予配合。

第十八条 被投诉方对投诉情况逾期不予处理和答复，在农业机械质量投诉监督机构催办 3 次后仍然不予处理的，视为拒绝处理。

第十九条 有下列情形之一的，可以终止调解：

（一）争议双方自行和解的；

（二）投诉者撤回其投诉的；

（三）争议一方已向法院起诉、申请仲裁或向有关行政部门提出申诉的；

（四）投诉者无正当理由不参加调解的。

第二十条 争议双方分歧较大，无法达成和解方案的，农业机械质量投诉监督机构可以给出书面处理意见后，终止调解。投诉者可通过其他合法途径进行解决。

第五章　信息报送和监督

第二十一条　县级以上农业机械质量投诉监督机构应当按季度将投诉情况汇总报送上一级农业机械质量投诉监督机构，同时报送本级人民政府农业机械化行政主管部门。

第二十二条　10个用户以上的群体投诉事件或有人身伤亡的重大质量事件应及时报告本级人民政府农业机械化行政主管部门，同时，逐级上报上级农业机械质量投诉监督机构。

第二十三条　省级以上人民政府农业机械化行政主管部门应当定期分析、汇总所辖范围内的农业机械质量投诉信息，并根据所反映问题的影响程度依法采取质量调查等监督措施。对群体投诉、重大质量事件或拒绝处理投诉的企业进行调查，按规定公布调查结果。

第二十四条　对涉及进口的农业机械质量安全事件，由省级以上人民政府农业机械化行政主管部门通报相关出入境检验检疫机构。

第六章　工作纪律

第二十五条　农业机械质量投诉监督机构对投诉者的个人信息应予保密，投诉材料应分类归档，未经批准，不得外借。

第二十六条　农业机械质量投诉监督工作人员有下列情形之一的，依法给予处分，情节严重的，调离投诉监督工作岗位：

（一）无正当理由拒不受理、处理投诉的；

（二）利用投诉工作之便谋取不正当利益的；

（三）擅自泄露投诉者个人信息的。

第二十七条　农业机械质量投诉监督机构对重大投诉事件不及时上报，造成重大影响的，对直接责任人和有关领导人，依法给予处分。

第七章　附　则

第二十八条　本办法自印发之日起施行。

农机行业职业技能鉴定管理实施细则

农业部办公厅关于印发《推进农机职业技能开发工作方案》和《农机行业职业技能鉴定管理实施细则》的通知

农办机〔2007〕37号

各省、自治区、直辖市及计划市农机管理局（办公室），黑龙江农垦总局农机局、新疆生产建设兵团农机局：

农机职业技能开发是培养农村实用技能人才的重要渠道，是加强农机人才队伍建设，提高农机从业人员整体素质和技能水平，保障农机安全生产，促进农业机械化又好又快发展的重要途径和措施。为积极推进农机职业技能开发工作，我部制定了《推进农机职业技能开发工作方案》和《农机行业职业技能鉴定管理实施细则》。现印发给你们，请结合实际，认真贯彻执行。

农业部办公厅

二○○七年十一月二日

第一章　总　则

第一条　为规范农机行业职业技能鉴定管理工作，提高农机从业人员整体素质和技能水平，促进农业机械化发展，根据《农业行业职业技能鉴定管理办法》和有关规定制定本细则。

第二条 本细则所称农机行业职业技能鉴定是指对从事农机行业特有职业（工种）的劳动者所应具备的专业知识、技术水平和工作能力进行考核与评价，并对通过者颁发国家统一印制的职业资格证书的评价活动。

第三条 农机行业职业技能鉴定管理在农业行业职业技能鉴定管理框架内进行。农业部农业机械化管理司负责全国农机行业职业技能鉴定的组织管理，农业部农机行业职业技能鉴定指导站（以下简称部农机指导站）负责业务指导；各省（区、市）农机主管部门负责本地区农机行业职业技能鉴定的组织管理，各农机行业职业技能鉴定站（以下简称鉴定站）负责执行实施。

第四条 农机行业推行国家职业资格证书制度。在涉及农产品质量安全、农资市场秩序，以及技术性强、服务质量要求高、关系广大消费者利益和人民生命财产安全的职业（领域），逐步提出职业技能资格要求。

第五条 农机行业职业技能鉴定遵循客观、公正、科学、规范的原则，保证鉴定质量，为农机从业人员和农业农村经济发展服务。

第六条 各级农机主管部门要安排必要的经费并逐步形成稳定增长的投入机制，不断加强对鉴定站的基础设施建设，改善鉴定工作条件，推动农机职业技能培训鉴定工作健康发展。

第七条 本细则适用于全国农机行业开展职业技能培训鉴定工作。

第二章　职责分工

第八条　农业部农业机械化管理司负责农机行业职业技能鉴定工作的组织管理。

（一）制定农机行业职业技能培训鉴定工作的政策、规划和规范；

（二）负责农机行业国家（行业）职业标准、培训教材以及鉴定试题库的编制开发工作；

（三）组织、指导农机行业开展职业技能培训鉴定工作，并对鉴定质量进行监督检查。

第九条　部农机指导站负责农机行业职业技能鉴定工作的业务指导。

（一）组织、指导农机行业职业技能鉴定实施工作；

（二）负责鉴定站的建设规划与业务管理，提出鉴定站设立的具体条件，并负责资格初审，指导鉴定站开展工作；

（三）承担农机行业国家（行业）职业标准、培训教材以及鉴定试题库的编制开发工作，负责农机行业鉴定试题库的运行与维护；

（四）负责组织农机行业职业技能鉴定考评人员的培训与考核工作；

（五）负责农机行业职业技能鉴定结果的初审、职业资格证书的办理和鉴定信息统计工作。

（六）开展农机行业职业技能鉴定及有关问题的研究与咨询工作。

第十条　省级农机主管部门负责本地区农机行业职业技能

鉴定工作的组织管理。

（一）制定本地区农机行业职业技能培训鉴定工作的政策、规划和规范；

（二）负责本地区鉴定站、工作站、培训鉴定基地的建设与管理；

（三）负责本地区农机行业职业技能鉴定考评人员与质量督导员的管理；

（四）组织、指导本地区开展农机行业职业技能培训鉴定工作，并对鉴定质量进行监督检查。

第三章　鉴定执行机构

第十一条　鉴定站是经国家行政主管部门批准设立的职业技能鉴定执行机构，负责具体组织和实施规定范围内的职业技能鉴定工作。

（一）执行国家和地方行业主管部门的职业技能培训鉴定政策、规定和办法；

（二）负责职业技能鉴定考务工作，并对鉴定结果负责；

（三）按规定及时向上级有关部门提交鉴定情况统计数据和工作报告等材料。

第十二条　鉴定站的设立应根据农机行业职业技能培训鉴定工作发展的需要合理布局，原则上每省（区、市）至少应设立一个鉴定站。鉴定站应具备以下条件：

（一）具有与所鉴定职业（工种）及其等级相适应的，并符合国家标准要求的考核场地、检测仪器等设备设施；

（二）具有专门的办公场所和办公设备；

（三）具有熟悉职业技能鉴定工作的专（兼）职组织管理人员和考评人员；

（四）具有完善的管理办法和规章制度。

第十三条 申请设立鉴定站的单位，应提交书面申请、可行性分析报告，填写《行业特有工种职业技能鉴定站审批登记表》，经省级农机主管部门审核，报部农机指导站初审，经农业部农业机械化管理司同意，农业部职业技能鉴定指导中心（以下简称部鉴定中心）汇总审核后，报农业部人事劳动司审定，由劳动和社会保障部批准并核发《职业技能鉴定许可证》，授予全国统一的特有工种职业技能鉴定站标牌。

第十四条 鉴定站实行站长负责制。站长原则上由承建单位主管领导担任，由部农机指导站聘任，报部鉴定中心备案。站长的聘任由承建单位提出书面申请，并填报《农机职业技能鉴定站站长审批登记表》，经省级农机主管部门审核同意后，报部农机指导站审定，确定聘任关系，并颁发站长聘书。当出现人事调整或其他原因需要更换站长时，按上述程序办理鉴定站站长转聘手续。

（一）鉴定站应建立健全考务管理、档案管理、财务管理以及与农业部有关规定配套的管理制度，并严格执行。

（二）鉴定站应使用“国家职业技能鉴定考务管理系统”，进行鉴定数据上报、信息统计及日常管理。

（三）鉴定站应配备专兼职的财务管理人员，并严格执行所在地区有关部门批准的职业技能鉴定收费项目和标准。职业技能鉴定费用主要用于：组织职业技能鉴定场地、试题试卷、考务、阅卷、考评、检测及鉴定原材料、能源、设备消耗等方面。

（四）鉴定站应受理一切符合申报条件、规定手续的人员参加职业技能鉴定，并依据国家职业标准，按照鉴定程序组织实施鉴定工作。

鉴定站有独立实施职业技能鉴定的权利，有权拒绝任何组织或个人提出的影响鉴定结果的非正当要求。

（五）鉴定站开展鉴定所用试题必须从国家或行业题库中提取，并按有关要求做好试卷的申请、运送、保管和使用。未建立试题库的职业，试题由部农机指导站组织专家编制，经审核确认后使用。

（六）鉴定站应从获得“国家职业技能鉴定考评员”资格的人员中聘用考评人员，并实行考评人员回避制度。

（七）鉴定站应于每年 12 月 20 日前将当年工作总结和下年度工作计划报送省级农机主管部门，并抄报部农机指导站。

（八）鉴定站应加强质量管理，建立健全质量管理体系，逐步推行鉴定机构质量管理体系认证制度。

第十五条 鉴定站应接受部鉴定中心和部农机指导站的业务指导，同时接受上级主管部门的监督检查。

对鉴定站实行定期评估制度。评估工作由部鉴定中心和部农机指导站共同组织实施。评估内容应包括鉴定站的能力建设、考务管理、考评人员管理、质量管理及违规事件处理等多个方面。评估方式采取自评和抽查相结合的形式。评估结果作为换发鉴定许可证和奖惩的重要依据。

第十六条 工作站和培训鉴定基地是经省级农机主管部门批准设立的鉴定站的分支机构。在归属鉴定站的组织管理下，开展职业技能鉴定工作。

（一）工作站和培训鉴定基地的设立由省级农机主管部门兼顾本地区职业技能鉴定工作进度、工作基础、工作方便性等因素，合理布局。

（二）工作站和培训鉴定基地由省级农机主管部门指定归属鉴定站。其设立由承建单位提出申请，经归属鉴定站审核，省级农机主管部门批准，报部农机指导站备案。其鉴定场地、设施设备及人员能力等应与其所开展培训鉴定职业（工种）和等级相适应，具体设立条件和程序由省级农机主管部门会同归属鉴定站作出规定。

（三）工作站和培训鉴定基地应按照归属鉴定站的各项管理要求开展工作，并接受其工作指导和监督检查。鉴定站应在各项管理制度中明确下设工作站、培训鉴定基地的职责、任务和要求，并对其工作质量负责。

第四章　考评人员

第十七条　考评人员是指在规定的职业、等级和类别范围内，按照统一标准和规范，对职业技能鉴定对象进行考核、评价的人员。考评人员分为考评员和高级考评员两个等级。考评员可以承担国家职业资格五级（初级）、四级（中级）、三级（高级）人员的职业技能鉴定，高级考评员可以承担各等级的考核、评价工作。

第十八条　考评人员实行培训、考核和资格认证制度。考评人员资格的获取应由本人提出申请，所在单位同意，填写《农业行业职业技能鉴定考评人员审批登记表》，经省级农机主管部门审核同意，参加部农机指导站组织的统一培训并考试合格，经部鉴定中心资格认证，报劳动和社会保障部核发国家统一的考评员资格证（卡）。考评人员应具备以下资格条件：

（一）热爱本职工作，具有良好的职业道德和敬业精神，廉洁奉公，办事公道，作风正派；

（二）掌握必要的职业技能鉴定理论、技术和方法，熟悉职业技能鉴定的有关法律、规定和政策；

（三）具有二级以上职业资格或者中级专业技术职务以上的资格；高级考评员应具有一级职业资格或副高级以上专业技术职务资格。

第十九条 考评人员的职责要求：

（一）考核鉴定前，考评人员应熟悉本次鉴定职业（工种）的项目、内容、要求及评定标准，查验考核场地、设备、仪器及考核所用材料。

（二）考评人员在执行鉴定考评时应佩戴证卡，严格遵守考评人员守则和考场规则，独立完成各自负责的任务，严格按照评分标准及要求逐项测评打分，认真填写考评记录并签名。

考评人员有权拒绝任何单位和个人提出的非正当要求，对鉴定对象的违纪行为，视情节轻重可给予劝告、警告、终止考核或宣布成绩无效等处理，并及时向上级主管部门报告。

（三）鉴定结束后，考评人员应及时反映鉴定工作中存在的问题并提出合理化意见和建议。

（四）考评人员应加强职业技能鉴定业务知识、专业理论和操作技能的学习，不断提高鉴定工作水平。

第二十条 考评人员的聘用管理：

（一）实行聘任制。由鉴定站与考评人员签订聘任合同，明确双方的责任、权利和义务，每个聘期不超过三年。考评人员每次实施鉴定考评后，鉴定站可参考当地主管部门制定的补助标准给予津贴补助。

（二）实行“培考分开”。考评人员不得对本人参与培训的人员进行鉴定。

（三）实行回避制度。考评人员在遇到直系亲属被鉴定时，应主动提出回避。

（四）实行年度评估。鉴定站应对所聘用的考评人员建立年度考绩档案，每年的12月20日前对考评人员的工作业绩和称职情况进行年度评议，评议结果应作为考评员续聘和奖惩的依据。

第二十一条 考评人员资格有效期为三年，有效期届满应申请换发考评员资格证（卡）或经过再培训重新取得考评员资格证（卡）。符合下列条件之一者可直接换发证（卡）：

（一）凡年度评估良好及以上，并每年参加考评工作三次及以上的；

（二）对职业技能鉴定工作有深入研究并公开发表相关文章或论文的；

（三）参与国家（行业）职业标准、培训教材、鉴定试题编写工作的。

符合直接换证（卡）条件的考评人员，需填写《农业行业职业技能鉴定考评人员资格有效期满换证（卡）审批表》，附本人资格有效期内的考评工作总结、技术成果复印件和本人考评员原证（卡）、聘任合同等材料，经受聘鉴定站初审，省级农机主管部门、部农机指导站、部鉴定中心复审，报劳动和社会保障部核准后，换发新的考评员证（卡）。

资格有效期满考评员换证（卡）工作每年 6 月份进行一次。

第五章 鉴定程序

第二十二条 鉴定站应于每次鉴定前对鉴定工作进行策划，制定职业技能鉴定工作方案。内容包括：本次鉴定的职业名称、等级；预计鉴定的人数；考生来源；鉴定时间、地点；考场的准备；考务人员和考评人员的拟使用计划安排；报名及资格审查等。

第二十三条 鉴定站应在每次实施鉴定前 30 日发布公告或通知。内容包括：

（一）鉴定职业（工种）的名称、等级；

（二）鉴定对象的申报条件；

（三）报名地点、时限，收费项目和标准；

（四）鉴定方法和参考教材；

（五）鉴定时间和地点。

第二十四条 鉴定站自鉴定公告或通知发布之日起组织报名。申请人填写《农业行业职业技能鉴定申报审批表》，并附上身份证、学业证明、现等级《职业资格证书》的复印件、本人证件照片 3 张（小 2 寸，用于申报审批表、准考证、证书），到指定地点向鉴定站提出申请。

鉴定站根据国家职业标准规定的申报条件，对申请人进行资格审查，将符合条件者的基本信息录入“国家职业技能鉴定考务管理系统”，并将《上报报名数据》报送部农机指导站，同时打印《职业技能鉴定报名花名册》和《准考证》(准考证应贴有本人小 2 寸证件照片并加盖鉴定站印章)。

第二十五条 每次实施考核鉴定前，由鉴定站根据所鉴定的职业（工种）和鉴定对象数量组建若干个考评小组。考评小组成员由获得考评员资格的人员担任，在受聘鉴定站的领导下开展工作。

(一) 考评小组至少由 3 人组成，设组长 1 名。组长由鉴定站从具有一定组织管理能力和从事三次以上职业技能鉴定工作经验的考评人员中指定。组长全面负责考评小组的工作，并具有最终裁决有争议技术问题的权力。

(二) 同一考评小组从事同一职业（工种）考评工作不得连续超过三次。

(三) 考评小组应接受鉴定站及质量督导员的监督和指导。

第二十六条 鉴定站应于鉴定实施前一周，通过《试卷需求报告》向部农机指导站申请提取试卷，并按国家有关印刷、复制秘密载体的规定由专人印制或监印。

鉴定站要由专人接收和保管试卷，试卷运行的各个环节应严格按照保密规定实行分级管理负责制，一旦发生失密，须立即采取相应补救措施并追究相关人员责任。

第二十七条 鉴定站应依据考生数量和鉴定任务要求，按时提供符合要求的鉴定场地和必要的工作条件，主要包括考场设置、考务人员安排、鉴定所需物品和后勤服务等内容。

鉴定站应提前向上级或当地农机主管部门申请派遣质量督导员，负责现场督考工作。

第二十八条 考生应在规定的时间内，持本人身份证、

《准考证》到指定的场所参加职业技能鉴定。

职业技能鉴定分理论知识考试和操作技能考试两项。理论考试采用单人单桌闭卷笔试方式；操作技能考试一般采用现场考核、典型作业项目或模拟操作考试，并辅之以口试答辩等形式。两项成绩均达到60分以上者，即通过鉴定。技师、高级技师还应通过专家组评审。

理论知识考试监考人员须严格遵守有关规定，认真履行职责，并填写《职业技能鉴定理论考试考场简况表》。理论知识考试阅卷采用流水作业形式。操作技能考试考评小组依据考评规范组织考评工作，考评人员根据评分标准进行评分并填写《职业技能鉴定实操考试考场简况表》。

第二十九条 鉴定站应在每次鉴定结束10个工作日内，将《上报成绩数据》报送部农机指导站，同时将《鉴定组织实施情况报告单》和本批的《职业技能鉴定合格人员名册》一式两份报部农机指导站审核。

第三十条 部农机指导站在接到鉴定站呈报的鉴定结果和鉴定人员照片等鉴定合格资料后，负责在5个工作日内完成对鉴定结果的初审、报部鉴定中心复核并按照统一要求编号和制作职业资格证书。职业资格证书的核发在农业部人事劳动司的委托下进行。

鉴定站负责将职业资格证书发放给被鉴定者本人。

第三十一条 每次鉴定完毕，鉴定站须将以下资料归档：

（一）鉴定公告（通知）；

（二）《农业行业职业技能鉴定申报审批表》；

（三）《职业技能鉴定报名花名册》；

（四）理论知识考试、操作技能考试样卷以及标准答案、评分标准等；

（五）鉴定考生试卷；

（六）《职业技能鉴定理论考试考场简况表》、《职业技能鉴定实操考试考场简况表》；

（七）《鉴定组织实施情况报告单》；

（八）《职业技能鉴定合格人员名册》。

归档资料中鉴定考生试卷要至少保存2年，其他资料至少保存5年。

第六章　职业资格证书

第三十二条　职业资格证书是劳动者职业技能水平的凭证，是劳动者就业、从业、任职和劳务输出法律公证的有效证件，是用人单位招聘、录用和确定劳动报酬的重要依据。

职业资格分为五个等级。即职业资格五级（初级）、职业资格四级（中级）、职业资格三级（高级）、职业资格二级（技师）、职业资格一级（高级技师）。

第三十三条　农机从业人员和相关专业在校生可通过参加职业技能鉴定、业绩评定、职业技能竞赛等方式申请获得职业资格证书。

参加职业技能鉴定理论知识考试和操作技能考试均合格者，可获得相应等级的职业资格证书。

对有重大发明、技术创新、获取专利以及攻克技术难关等的劳动者，经部鉴定中心组织专家评定，可获得或晋升相应等级的职业资格证书。

参加国家级和省级职业技能竞赛分别取得前20名和前10名的人员，以及获得全国技术能手称号的人员，经农业部人事劳动司认定后，且本职业设有高一级职业资格的，可相应晋升一个职业等级。

第三十四条 经农业部核准颁发的职业资格证书在全国范围内有效，其他任何鉴定机构不得重复鉴定。专业理论知识和操作技能考核鉴定的单项合格成绩，两年内有效。

第三十五条 职业资格证书只限本人使用。建立职业资格证书追溯制度，逐步完善证书查询系统。严禁伪造、仿制和违规发放职业资格证书，对有上述行为的单位和个人，按有关规定处理。

第三十六条 因遗失、残损以及对外劳务合作等原因需要补发、换发职业资格证书的，证书持有者可向原鉴定站提出申请，并填写《补（换）发农业行业职业资格证书申请表》，按证书核发程序申请补发、换发证书。申请办理、补换发职业资格证书须按照国家有关部门的规定交纳证书工本费。

第三十七条 各级农机主管部门和用人单位应鼓励农机从业人员参加职业培训和技能鉴定，不断提高技能水平，晋升职业资格等级。对获得职业资格证书的，优先安排就业、上岗，优先安排生产、经营承包、示范推广及政府补贴项目等。

第三十八条 推行职业资格证书复核监督检查制度。对实行就业准入制度职业的持证人员，应加强业务培训和业绩考核，每三年由鉴定站复核一次。鉴定站不得额外收取费用。

第七章 质量督导

第三十九条 鉴定质量督导是指由各级农机主管部门委派质量督导员，对鉴定站贯彻执行国家职业技能鉴定法规、政策和国家（行业）职业标准等情况进行监督检查的行为。

质量督导分为现场督考和不定期检查两种形式。

第四十条 质量督导员应当接受有关法律法规、职业技能鉴定管理和质量督导等内容的培训。质量督导员由各级农机主管部门推荐，经国家有关行政主管部门资格审核和培训、考试合格后，取得国家统一的职业技能鉴定质量督导员资格。质量督导员应具备以下条件：

（一）热爱职业技能鉴定工作，廉洁奉公、办事公道、作风正派，具有良好的职业道德和敬业精神；

（二）掌握职业技能鉴定有关政策、法规和规章，熟悉职业技能鉴定理论和技术方法；

（三）从事农业职业技能鉴定管理和技术工作两年以上或从事职业技能鉴定考评工作三年以上且年度考评合格；

（四）服从安排，能按照派出机构要求完成职业技能鉴定质量督导任务。

质量督导员证（卡）有效期三年。期满后，按照有关规定，重新核发。

第四十一条 质量督导员的工作职责：

（一）对鉴定站贯彻执行职业技能鉴定法规和政策的情况实施督导；

（二）对鉴定站的运行条件、鉴定范围、考务管理、考评人员资格、被鉴定人员资格审查和职业资格证书管理等情况进行督导；

（三）受委托，对群众举报的职业技能鉴定违规违纪情况进行调查、核实，提出处理意见；

（四）对农机行业职业技能鉴定工作进行调查研究，向委托部门报告有关情况，提出建议。

第四十二条 鉴定站实施鉴定时，应有上级或当地农机主管部门委派的质量督导员负责现场督考。质量督导员在现场督考过程中，应对考务管理程序、考评人员资格、申请鉴定人员资格等进行审查；对考评人员的违规行为应予以制止并提出处理建议；遇有严重影响鉴定质量的问题，应提请派出机构进行处理，或经派出机构授权直接进行处理，并报告处理结果。质量督导员在现场督考后，应填写《农业职业技能鉴定现场督考报告》，报质量督导员派出机构备案。

第四十三条 各级农机主管部门应组织质量督导员不定期对鉴定站工作情况进行检查，听取情况汇报，查阅有关档案资料，并开展实地调查。

第四十四条 质量督导员执行督导任务时，应佩戴胸卡，认真履行督导职责，自觉接受主管部门的指导和监督。具有考评员资格的质量督导员，在执行督导任务时，不能兼任同场次考评工作，实行回避制度。各鉴定站要支持、配合质量督导员开展工作，向督导员提供必要的工作条件和有关资料。在质量督导工作中，被督导单位及有关人员有下列情形之一的，质量督导员可提请派出机构按有关规定做出处理：

（一）拒绝向质量督导员提供有关情况和文件、资料的；

（二）阻挠有关人员向质量督导员反映情况的；

（三）对提出的督导意见，拒不采纳、不予改进的；

（四）弄虚作假、干扰职业技能鉴定质量督导工作的；

（五）打击、报复质量督导员的；

（六）其他影响质量督导工作的行为。

第八章　奖励与处罚

第四十五条　农机行业依据《农业行业职业技能鉴定管理办法》及有关规定，组织开展行业职业技能鉴定评比表彰工作。

第四十六条　建立农机行业职业技能鉴定工作违规处罚制度。具有下列情形之一的鉴定站，由省级农机主管部门视其情节轻重，给予警告、限期整改或停止鉴定的处罚。情节严重的，报国家主管部门核准，取消其职业技能鉴定资质。

（一）取得相应鉴定资质后，两年内未开展职业技能鉴定工作的；

（二）超越规定范围开展鉴定工作的；

（三）管理混乱，难以保证鉴定质量，在社会上造成恶劣影响的；

（四）违反国家有关规定，在鉴定过程中有非法牟利、弄虚作假、徇私舞弊、滥收费用、伪造证书等行为的；

（五）在工作中欺上瞒下，不向主管部门提供真实情况的。

第四十七条　农机行业用人单位招用未取得相应职业资格证书的人员，从事实行就业准入制度职业（工种）工作的，农机主管部门应责令限期改正。

第四十八条 对在职业技能鉴定工作中表现优秀的考评人员、质量督导员和管理人员，应给予表彰奖励，并作为推荐全国农业职业技能开发先进个人的依据。对违反职业技能鉴定有关规定、工作守则、弄虚作假、徇私舞弊的，视情节轻重，给予警告、通报批评，提请主管部门取消有关资格，建议其所在单位给予行政处分。

第九章　附　则

第四十九条 本细则由农业部农业机械化管理司负责解释。

第五十条 本细则自发布之日起执行。

农业部关于加强农业机械化技术推广工作的意见

农机发〔2012〕3号

各省、自治区、直辖市及计划单列市农机（农业、农牧）局(厅、委、办)，新疆生产建设兵团农业局，黑龙江省农垦总局：

为认真贯彻实施新修订的《中华人民共和国农业技术推广法》（以下简称《推广法》），深入贯彻落实中央一号文件有关政策措施，进一步加强农业机械化技术推广工作，促进农业机械化技术普及应用，强化对建设现代农业的支撑，现提出如下意见。

一、深刻认识加强农业机械化技术推广工作的重要意义

近些年来，我国农机化技术推广工作稳步推进，农业机械化技术集成创新，先进适用技术加快应用，技术领域进一步拓展，推广机制不断创新，为促进农业机械化又好又快发展、保障国家粮食安全、促进农民增收，建设现代农业做出了积极贡献。

当前，我国农业发展进入了传统农业向现代农业转变的关键时期，农业机械化正处在加快发展、改善结构、提升质量、拓宽领域的重要阶段。农业机械化技术推广工作面临着新形势、新任务和新要求。农业机械是农业科技的物化载体，农业机械化技术推广是农业技术推广的重要组成部分，是加快农业

发展方式转变的重要力量。加强农业机械化技术推广工作有利于实现农机农艺融合、农机化与信息化融合、加快构建高产、优质、高效、生态、安全农业技术体系；有利于加快推广农机化先进适用技术，不断提高土地产出率、资源利用率、劳动生产率；有利于增强农业综合生产能力、抗风险能力和市场竞争力，促进农业稳定发展和农民持续增收。加强农业机械化技术推广工作不仅关系农业机械化发展的速度和质量，而且关系农业现代化的进程。

各级农业机械化主管部门和农业机械化技术推广机构要认真实施《推广法》，深入贯彻落实中央一号文件精神，充分认识加强农业机械化技术推广工作的重要意义，进一步增强紧迫感、责任感和使命感，充分发挥农业机械化在推动农业技术集成、节本增效、推动规模经营等方面的重要作用，为农业现代化提供有力支撑。

二、进一步明确农业机械化技术推广工作的指导思想、基本原则和总体目标

（一）指导思想

更加自觉地深入贯彻落实科学发展观，紧紧围绕粮食等主要农产品有效供给、农民持续增收和农业可持续发展的战略需求，以加快农机化发展方式转变为主线，以促进农机与农艺融合、农机化与信息化融合为着力点，切实贯彻落实有关法律法规和政策，强化国家农业机械化技术推广机构公益性职能，加强推广体系建设、人才队伍建设、设施条件建设和推广工作规范化建设，提升推广服务能力和效率，加快增产增效型、资源节约型、环境友好型为重点的农机化技术普及应用，为推进农

业机械化又好又快发展和建设现代农业提供强有力的科技支撑。

（二）基本原则

——坚持政府主导，社会参与。实行公益性推广与经营性推广分类管理，明确国家农业机械化技术推广机构的公益性定位，充分发挥市场机制作用，广泛吸引科研、教学、企业、社会经济组织和个人等多种社会力量投身农业机械化技术推广事业。

——坚持试验示范，农民自愿。试验先行，加大试验力度，确保技术先进、适用和安全，维护农民利益。尊重农民意愿，维护农民选择和应用技术的自主权。通过典型示范，政策引导，广泛开展宣传和培训，调动农民应用技术的积极性。

——坚持机制创新，提高效率。创新完善机制，推动农机与农艺技术融合，农机化与信息化融合，技术推广与经营方式协调发展。鼓励运用现代信息技术等先进手段创新农业机械化技术推广方式方法，提高推广效率。

——坚持因地制宜，注重效益。根据不同区域的自然禀赋、耕作制度和经济条件，采取适宜的技术路线。兼顾社会效益、经济效益，注重生态效益，促进农业可持续发展和农民持续增收。

——坚持突出重点，全面推进。选好重点区域，抓住薄弱环节，把握主推技术，集中优势资源，扶强带弱。尊重农业机械化技术推广规律，以点带面，促进全面发展。

（三）总体目标

“十二五”农机化技术推广工作的总体目标是：农机化技

术推广体系进一步完善，推广服务能力明显增强，人才队伍建设取得新成效，增产增效型、资源节约型、环境友好型农业机械化技术得到大面积推广，粮棉油糖等大宗农作物机械化薄弱环节实现明显突破，先进适用、技术成熟、安全可靠、节能环保、服务到位的农机装备广泛应用，装备结构明显改善，为农业机械化又好又快发展提供有力的技术和装备保障。

三、积极推进农业机械化技术推广体系建设

（一）强化机构建设。强化主体，依法确立推广机构的公共服务性质，明确公益性职责，因地制宜地建立健全县、乡镇或区域国家推广机构，确定机构人员编制，按规定的比例设置专业技术人员岗位。实行乡镇推广机构以县级推广部门管理为主或以乡级政府管理为主、县级推广部门业务指导的管理体制，加快建立起机构健全、职责明确、运行高效、服务到位的农业机械化技术推广机构。

（二）强化队伍建设。加强与有关部门沟通协调，落实推广机构人员编制数量和结构比例，健全完善队伍。全面推进人员聘用管理，明确上岗条件和人员进出考评机制，实施基层农技推广特岗计划，鼓励和引导农科大学生从事基层推广工作，不断优化队伍结构。广泛开展学历提升教育、分层分类定期培训、实施好万名农技推广骨干培养工程，不断更新知识、提升素质。

（三）强化条件建设。制定基层农业机械化技术推广机构建设规划，落实中央一号文件关于农业技术推广机构条件建设项目覆盖全部乡镇等政策措施，加强基层推广机构办公条件、设施设备、试验示范基地等建设，着力提升基层农机推广机构条件能力，确保农业机械化技术推广人员工作有场所、服务有手段、下乡有工具，为广大农民提供及时、便捷、高效的服务。

（四）强化多元服务。适应现代农业发展进程中农民多领域、多样化、全方位的服务需求，完善制度措施，引导科研教学单位成为公益性技术推广的重要力量，深入基层开展技术指导咨询服务，解决农业生产一线的实际问题。发挥农机专业合作社、农机企业、群众性农机科技组织及其它社会力量的推广作用，多渠道为农民提供各种形式的农业产前、前中、产后全程服务，提高农民应用技术的组织化程度。

四、大力推广农业机械化先进适用技术和装备

（一）加强示范区建设。科学规划，合理布局，建立试验示范基地。集中人力、物力、财力，把示范区建成方便试验、具备示范、利于宣传的基地。建立完善农业机械化技术先进性、适用性和安全性等试验评价的方法，为开展试验示范提供支持。

（二）强化试验示范。立足农业生产实际需要，选择引进技术，认真组织试验，探索适合当地机械化生产的工艺流程、技术模式，确定主推作物品种、农机化技术和成熟机型。广泛布点示范，展示示范效果，以点带面，引导农民自觉应用。

（三）注重培训指导。通过培训，使基层农业机械化技术推广人员掌握技术要点、学会技术推广方法，指导农民掌握技术要领、正确操作使用机具。发挥专家、技术推广骨干作用，及时提供技术咨询服务，解决农民疑难问题，加快农业机械化技术普及应用。

（四）实行全面推进。以主要粮食作物关键环节为重点，

加强技术集成示范，加快实现瓶颈技术突破。围绕优势农产品区域布局，因地制宜推广重点环节机械化技术，加快提升经济作物、畜牧水产养殖业、林果业、草业、种业、农产品初加工业、设施农业和农业废弃物综合利用机械化水平。

五、不断创新完善农业机械化技术推广机制

（一）创新完善协作机制。突出"一主多元"整体作用发挥，运用行政工作协调、重大项目集聚、市场机制引导等有效手段，努力打破部门、地域、单位界限，统筹配置农机化技术推广服务资源，推进国家农机推广机构、农机科研教学单位、农机专业合作社、农机企业在农业机械化技术推广中联合协作，形成产学研推紧密结合、公益性推广与经营性推广优势互补、专项服务与综合性服务良性互动的农机化技术推广工作新机制。

（二）创新完善运行机制。建立完善工作责任制度，将法定的推广服务职能细化落实到每个岗位人员，明确服务对象、服务内容、服务时间和服务要求。建立完善工作考评制度，以机构职能、岗位职责、工作目标、工作实绩等为依据，量化考核指标，制定考核办法，加强对机构和人员的考评。建立完善激励制度，将推广人员的考评结果作为绩效工资兑现、职务职称晋升和聘任、续签聘任合同、调整岗位、技术指导员补助、学历提升、知识更新培训和评先评优的主要依据。

（三）创新推广服务方式。充分利用现代信息技术、人工智能技术，通过广播、电视、网络、农机 110、手机短信等现代服务手段，不断探索建立高效、便捷、实用的农业机械化技术推广服务信息平台，推进技术服务信息化、农机化与信息化融合，提高推广服务效率，促进先进农业机械化科研成果和实用技术快速转化应用，尽快形成生产力。

六、切实加强农业机械化技术推广工作的组织领导

（一）摆上重要位置，落实工作责任。各级农业机械化主管部门要切实加强农业机械化技术推广工作的领导，把推广工作纳入农业机械化工作绩效考核指标体系，并将条件能力建设纳入当地农业机械化发展和经济社会发展的总体规划，科学谋划，强化措施，抓出成效。各地农业机械化主管部门要结合本地实际，认真研究提出加强农业机械化技术推广工作的指导意见，充分发挥农业机械化技术推广机构的技术支撑作用。农业机械化鉴定、监理、培训等机构要根据各自职责，与农业机械化技术推广机构密切配合，共同促进农业机械化技术推广工作。各级农业机械化推广机构要围绕全面履行职责，切实加强自身建设，落实工作责任。

（二）落实政策法规，完善保障措施。要认真贯彻《农业机械化促进法》、《农业技术推广法》、《国务院关于促进农业机械化和农机工业又好又快发展的意见》，制定相配套的地方性法规或实施办法，促进各项农业机械化科技创新、技术推广及体系建设扶持政策措施的落实。要积极协调落实中央一号文件提出的“一个衔接、两个覆盖”政策，改善基层人员待遇水平和工作条件。要依法保障推广人员的合法权益，调动推广人员的积极性。充分发挥农机购置补贴的调控作用，把实施农机购置补贴政策与农业机械化技术推广工作紧密结合，优先保证重点和薄弱环节作业机械购置补贴。积极推动扩大农机作业补贴范围，加大技术推广应用补助力度，调动农民应用先进农业机械化技术的积极性。

（三）加大资金投入，强化项目带动。要积极协商、落实农业机械化技术推广机构人员经费和工作经费，加强基层推广机构条件建设，确保推广工作正常运转。要科学谋划项目，发挥项目带动作用，促进农业机械化科技创新、示范推广条件改善和技术应用。要加强农业装备自主创新重大项目的科学论证和立项工作，着力研制适合农业生产需要的农业装备，突破农业机械化技术瓶颈。实施好农业技术试验示范专项（农机）经费项目、保护性耕作工程建设规划项目、阳光工程农机培训项目，不断加大农业机械化技术推广投入。依托实施农业机械化推进工程，加强农业机械化技术推广服务设施建设，提高农业机械化技术推广公共服务能力。

（四）加强信息宣传，营造良好环境。要加强农业机械化和农业机械化技术推广工作宣传，宣传发展农业机械化对建设现代农业，转变农业发展方式的重大意义，宣传农业机械化技术推广工作的重要作用，取得各级政府、有关部门及社会各界的关心和支持，营造农业机械化发展良好的社会氛围。要充分利用广播、电视、报刊、网络等媒体，以群众喜闻乐见的形式，大力宣传农业机械化新技术新装备。要积极宣传模范农机推广人物的事迹，弘扬为民、务实、清廉的优良作风，展示农机人的风采。要加强调查研究，善于发现新典型，总结新经验，推广好做法，充分发挥典型引路的作用，不断提高农业机械化技术推广工作水平。

农业部

2012年11月28日

国务院关于促进农业机械化和农机工业又好又快发展的意见

国发〔2010〕22号

各省、自治区、直辖市人民政府，国务院各部委、各直属机构：

农业机械是发展现代农业的重要物质基础，农业机械化是农业现代化的重要标志。当前，我国正处于从传统农业向现代农业转变的关键时期，加快推进农业机械化和农机工业发展，对于提高农业装备水平、改善农业生产条件、增强农业综合生产能力、拉动农村消费需求等具有重要意义。为促进农业机械化和农机工业又好又快发展，现提出以下意见：

一、指导思想、基本原则和发展目标

（一）指导思想。深入贯彻落实科学发展观，全面实施《中华人民共和国农业机械化促进法》，坚持走中国特色农业机械化道路，着力推进技术创新、组织创新和制度创新，着力促进农机、农艺、农业经营方式协调发展，着力加强农机社会化服务体系建设，着力提高农机工业创新能力和制造水平，进一步加大政策支持力度，促进农业机械化和农机工业又好又快发展。

（二）基本原则。

——因地制宜，分类指导。根据不同区域的自然禀赋、耕作制度和经济条件，采取相应的技术路线和政策措施，推进不同地区农业机械化发展，鼓励有条件的地方率先实现农业机械化。

——重点突破，全面发展。以促进农机农艺结合、实现重大装备技术突破等为重点，加快实现粮食主产区、大宗农作物、关键生产环节机械化，加大协同攻关和工作力度，带动农业机械化全面协调发展。

——鼓励创新，完善机制。创新农机服务形式，完善农机社会化服务机制，提高农机利用效率和效益。加快农机工业现代企业制度建设，以企业为核心，搭建科技创新平台，提高研发能力和制造水平。

——市场引导，政府扶持。以市场需求为导向，引导社会资本、技术和人才等要素投入，继续加大对农机购置、使用和农机工业的财税、金融等扶持力度，调动企业研发生产和农民购机用机积极性。

（三）发展目标。到 2015 年，农机总动力达到 10 亿千瓦，其中灌排机械动力达到 1 亿千瓦，主要农作物耕种收综合机械化水平达到 55%以上。粮棉油糖等大宗农作物机械化水平明显提高，养殖业、林果业、农产品初加工机械化协调推进。农业机械化服务体系不断完善，服务能力进一步增强。建成协调有效的农机工业自主创新平台，形成若干具有自主知识产权的产品和技术，部分产品达到国际先进水平。

到 2020 年，农机总动力稳定在 12 亿千瓦左右，其中灌排机械动力达到 1.1 亿千瓦，主要农作物耕种收综合机械化水平达到 65%。其中，小麦耕种收机械化水平达到 90%以上，水稻种植、收获环节机械化水平分别达到 60%和 85%，玉米机收水平达到50%左右，油菜机播、机收水平分别达到15%和20%以上，基本解决甘蔗种植、收获机械化关键技术问题。农机工业技术创新体系得到完善，重点领域的关键技术取得突破，形成若干具有国际竞争力和品牌影响力的大型企业集团，基本建成现代化农机流通体系和完善的农机售后服务网络。

二、促进农业机械化发展的主要任务

（四）加快重点地区农业机械化进程。在东北地区、新疆棉区及华南蔗区重点发展大马力、高性能农机，提高大型农机配套比和使用效率，率先实现粮食生产全程机械化；大幅提高棉花机收水平；突破甘蔗收获机械化瓶颈制约，提升甘蔗耕种收机械化水平。在黄淮海地区巩固小麦生产全程机械化发展成果，进一步优化改善装备结构，提高作业效益；着力提升玉米机收水平，逐步实现玉米生产全程机械化；加大花生收获机械化示范和推广力度，扩大花生机收面积。在长江中下游地区重点普及水稻育插秧机械化技术，加快推进水稻生产全程机械化；积极发展油菜种植和收获机械化，加大直播机械和联合收获机械推广力度，推动油菜生产全程机械化。在南方丘陵山区推广轻便、耐用、低耗中小型耕种收和植保机械，推进丘陵山区主要粮油作物和特色农产品生产机械化；加大灌排设备更新改造力度，加快节水灌溉和小型抗旱设备推广，提高灌排设备装备水平。在其他地区加快提升水稻、玉米、马铃薯、油菜等主要农作物关键环节机械化水平，因地制宜发展特色经济作物、畜禽水产养殖等机械化。

（五）促进农机农艺协调发展。建立农机和农艺科研单位协作攻关机制，制定科学合理、相互适应的机械作业规范和农艺标准，将机械适应性作为科研育种、栽培模式推广的重要指标，有针对性地推广一批适合机械化作业的品种和种植模式。统筹规划，整合现有农机院所的科研力量，针对重点农作物建立农业机械化实验室，加强农业机械化生产技术研发工作。加强农机与水、肥、种、药等因素协调作用的机理研究，完善农业机械化、种子、土肥、植保等推广服务机构紧密配合的工作机制，组织引导农民统一农作物品种、播期、行距、行向、施肥和植保，为机械化作业创造条件。

（六）推进农机服务组织建设和社会化服务。创新农业机械化服务组织形式，大力发展农机专业合作社，培育发展一批设施完备、功能齐全、特色鲜明的示范农机合作社，带动大型、复式、高性能农机和先进农业技术的推广应用。加强抗旱排涝服务队伍建设。鼓励发展农机专业大户和联户合作，探索发展农机作业公司，促进农机服务主体多元化。培育农机作业、维修、中介、租赁等市场，扶持引导农机大户及各类农机服务组织购置先进适用的农机。继续抓好农机跨区作业，加强组织引导，推动农机跨区作业由小麦向水稻、玉米等大宗农作物延伸，由机收向机耕、机插、机播等环节拓展。加强机耕道路建设，改善农机作业、通行条件。保障重要农时农机作业、排灌及抗旱用油。

（七）加强农业机械化实用人才培养。充分利用高等院校、农业机械化（农业）技术学校，培养农业机械化专业人才。结合阳光工程等各类农民培训项目，大力培养农机作业和维修能手。开展农机使用等技能培训和科普宣传，提高农民对先进生产工具及技术的接受能力和操作水平。定期对农机推广、监理和试验鉴定人员进行培训，提升农业机械化公共服务水平。

（八）加强农业机械化技术推广。建立健全运行高效、服务到位、支撑有力、充满活力的农业机械化推广体系，创新推广机制，提高推广能力。加快普及主要农作物重点环节和关键农业机械化技术，促进先进适用、技术成熟、安全可靠、节能环保、服务到位的农机装备广泛应用。加快灌排设备更新改造进度，实现安全、高效、节能运行，及时满足农田灌排需要。大力推广保护性耕作、节水灌溉、土地深松、精量播种、化肥深施、高效植保和农作物秸秆综合利用等增产增效、资源节约、环境友好型农业机械化技术。不断探索农业机械化发展模式，提出农机研发和改进需求，提高农业机械化技术集成和装备配套水平，满足农业生产需求。

（九）强化农机安全使用监督管理。健全农机作业质量、维修质量标准体系，规范农机作业、维修服务，提高农机应用和保障水平。组织开展在用农机质量调查，强化对财政补贴农机的质量监督和跟踪调查。加强农机试验鉴定和质量认证工作。加强农机市场监管，完善农机质量投诉网络，严厉打击制售假冒伪劣农机产品等坑农害农行为，营造竞争有序、充满活力的市场环境，切实维护农民利益。建立农机报废更新制度，抓紧研究以旧换新办法，加快淘汰老旧及高耗能农机，促进安全、节能、环保型农机的推广应用。建立健全农机安全使用法规和制度，开展农机使用安全教育，加强基层农机安全监理队伍建设，提高装备水平和监管能力，预防和减少农机事故发生。

三、促进农机工业发展的主要任务

（十）推进农机工业行业改革。坚持市场化改革的导向，鼓励和引导农机制造企业优化产权结构，建立产权明晰、权责明确、管理科学的现代企业制度，强化农机制造企业的市场主体地位。抓紧研究制定农机工业产业政策，建立农机行业准入制度和市场退出机制，整顿行业秩序，优化产业结构，逐步淘汰落后产能，杜绝低水平重复制造。鼓励农机制造企业战略重组，加快集团化、集约化进程，形成若干个具有先进制造水平和较强竞争力的大型企业集团和产业集群。完善产业组织结构，形成以大型企业为龙头、中小企业相配套的产业体系和产业集群，提升产业集中度和专业化分工协作水平。鼓励中小企业走专业化、科技型发展道路，提高企业竞争实力。建立健全农机科研联合协作机制，改革农机科研立项和业绩评价机制，打破区域和学科界限，将解决农业机械化实际需求作为科研首要目标和科技成果评价标准，提高农机科研整体水平。

（十一）着力解决农机产品结构性矛盾。优化农机产品结构，改变目前高端产品不足、低端产品过剩，大马力拖拉机进口依存度高、小型农机质量差的局面。要从家庭承包经营、户均土地规模小的国情出发，在开发大型农机的同时，积极发展适合家庭经营需要的中小型、轻简化农机，形成适应我国不同地区经济水平、高中低端产品共同发展的格局。鼓励农机主机生产企业由单机制造为主向成套装备集成为主转变，积极开发生产高效节能环保、多功能、智能化、经济型农机，重点突破水稻插秧、玉米收获、油菜种植和收获机械，以及节水灌溉设备等瓶颈，优先发展100马力以上大型拖拉机、50—70马力节能环保型水田拖拉机、高地隙拖拉机、多功能谷物联合收割机、玉米收获机、甘蔗收获机、棉花收获机、大中型动力机械配套机具、高效植保机械、高效节能机泵设备、节水灌溉设备、小型抗旱排涝机械、适合丘陵山区使用的小型机械等。加快农业清淤设备研究开发。

（十二）增强农机工业科技创新能力。坚持自主开发和引进、消化、吸收、再创新相结合的发展道路，建立以企业为主体、市场为导向、产学研相结合的农机工业技术创新体系。围绕大马力拖拉机、多功能收割机、高效节能大中型水泵、喷灌机等重大产品开发，加快产业升级和产品更新换代；围绕发动机、传动、电控、液压等核心部件研发，增强农机工业自主创新和核心竞争力；围绕科研手段和条件改善，提升农机新技术和新产品开发、试验试制能力；围绕科研机制创新，支持重点企业技术进步，带动行业发展。依托农机制造企业和科研院所，抓紧建设拖拉机、多功能收割机等重点农机产品开发企业技术中心，以及公益性的农机重大、关键、共性技术实验室和工程中心，凝聚优秀研发人才，加快急需的关键性农机和重大共性技术研发，集中力量攻克困扰产业发展的工艺材料、基础部件、关键作业装置等技术瓶颈，形成一批具有自主知识产权的核心技术成果。新技术和新产品的开发要充分考虑农作物品种、耕作制度和经营体系的需要，提高农机的适用性。支持高等院校加强农机工程学科建设，强化农机工程基础教育。完善农机培训体系，利用中等职业学校，加强农机制造等专业实用人才培养。

（十三）提升农机工业制造水平和产品质量。加大农机制造企业技术改造力度，改善企业研发和生产条件，应用精密成型、智能数控等先进加工装备和柔性制造、敏捷制造等先进制造技术，提高农机制造工艺及装备水平。完善农机产品质量标准体系，加快制（修）订农机产品技术标准，实现动力机械与配套农具、主机与配件的标准化、系列化和通用化开发生产。加快新技术、新工艺、新设备和新材料应用，提高关键零部件加工精度，提升农机产品质量，逐步淘汰消耗高、污染重、技术落后的工艺和产品。强化企业质量和社会责任意识，进一步完善企业质量保证体系，加强外购零部件的检测和可靠性分析，规范新产品和新技术鉴定验收工作。建立农机制造企业质量监督检查制度，组织开展产品质量抽检。加强生产技术工人培训，提高工人使用现代化机械加工设备的能力，不断提升企业制造水平和产品质量。

（十四）构建现代农机流通体系。建立健全农机制造企业品牌营销网络、专业农机流通企业销售网络相结合的新型农机市场体系。实施农机流通服务品牌工程，优化市场布局，发展连锁经营，培育一批辐射面广、服务质量好的大型农机流通企业、品牌农机店和区域性农机市场，健全农机零配件供应网络，提高农机产品流通效率，方便农民购机。建立农机产品售后服务体系和信息服务平台，依托重点生产企业、专业流通企业建立售后服务中心，提高服务能力。完善农机产品“三包”制度，健全和规范农机修理市场，明确产品售后维修责任，规范服务程序，提高维修能力和服务质量。

（十五）扩大农机工业国际合作。鼓励大型农机制造企业与国外合作开发和建立技术研究中心，提升核心技术、关键部件的研究开发能力。通过与国外企业合资、合作生产等方式，积极引进国外先进技术，逐步降低高端产品进口依赖程度。吸引海外科技人才加入我国农机行业，加快动力机械、配套机具研发制造人才的引进，增加技术储备，培养一批具有创新能力的人才和团队，提高农机产品开发、制造和管理水平。实施农机装备“走出去”战略，大力开拓国际市场，鼓励企业参与对外援助和国际合作项目，扩大优势农机产品出口，引导有条件的农机制造企业到国外投资办厂。

四、加大政策扶持力度

（十六）加大财政支持力度。继续实施农机购置补贴政策，合理确定补贴资金规模，并向粮食主产区、非主产区产粮大县，以及农民专业合作社等倾斜。适当支持适宜地区购置国内尚不能批量制造的大马力拖拉机、大型喷灌机等农机。逐步加大农业机械化重大技术推广支持力度。在适宜地区实施保护性耕作、节水灌溉、深松整地、秸秆还田、高效植保等农机作业补贴试点。积极开展农机保险业务，有条件的地方可对参保农机给予保费补贴。中央财政要加大投入力度，支持农机工业技术创新能力建设、科技成果产业化以及技术和智力引进。国家技术改造投资要对农机工业技术改造给予倾斜和重点扶持，地方政府也要按照一定比例落实配套资金。

（十七）完善农机购置补贴制度。按照科学、公开、公平、高效的原则，完善农机购置补贴管理办法，合理确定补贴产品种类，及时公布年度实施方案和补贴资金等，提高政策实施的透明度和公平性。简化农机购置补贴审批程序，改进审批方式，缩短审批时间。完善经销商管理制度，在由企业推荐经销商的基础上，严格经销商资格审查，将售后服务能力作为选择经销商的重要标准。严禁农机化事业单位通过成立公司等手段经销补贴产品。进一步扩大省级自选补贴产品的品种范围，满足不同区域和不同层次购机需求。缩短补贴资金结算时限，增加结算频次，加快企业资金回笼速度。加强监管，安排专门机构受理农民投诉，严肃查处倒卖补贴指标和补贴产品、套取补贴资金、借补贴之机乱涨价和乱收费等违规行为。保障农民选择权和议价权，允许农民对实行统一定额补贴的同一种类、同一档次产品在本省范围内跨县自主购机，允许农民在签订购机协议后调换机型。

（十八）加强和改进金融服务。进一步加大对农民和农机服务组织的信贷扶持力度，创新金融产品和服务方式，扩大购机信贷规模，积极满足合理信贷资金需求，做好融资支持和配套金融服务。在保障信贷资金安全的前提下，积极推动农机抵押贷款业务，合理审慎确定抵押率，采取灵活的贷款期限与还款方式，为农民和农机服务组织多元化融资提供便利。对符合产业政策和信贷原则的农机制造企业技术改造、新产品开发和农机流通设施建设，给予信贷支持。中小农机制造企业可享受国家扶持中小企业发展的相关政策。创新型企业试点向农机制造企业倾斜，加大支持力度。

（十九）切实落实税费优惠政策。继续免征农机机耕和排灌服务营业税、农机作业和维修服务项目的企业所得税。继续对跨区作业的联合收割机、运输联合收割机（包括插秧机）的车辆免收车辆通行费。进一步落实关于企业研发投入税前扣除政策。对生产国家支持发展的新型、大马力农机装备和产品，确有必要进口的关键零部件及原材料，免征关税和进口环节增值税。属于国家重点扶持高新技术企业中的农机制造企业，按照企业所得税法的规定，减按15%的税率征收企业所得税。按照现行规定对批发和零售的农机实行免征增值税政策。

（二十）支持基础设施建设。将基层农业机械化推广体系、机耕道路、排灌及抗旱设施等建设内容纳入相应规划，与规划内的项目同步实施。抓紧实施保护性耕作工程建设规划，落实年度建设投资。实施农业机械化推进工程，加大对农机安全监理、农机推广鉴定等公益性设施建设的支持力度，增强农业机械化公共服务能力。在规划、用地等方面积极支持农机合作社建设农机停放场（库、棚），改善农机保养条件。将农机科研开发基础设施建设纳入国家工程（技术）实验室、国家工程研究中心、国家级企业技术中心等项目建设范围，加大投资支持力度，在高新技术产业化示范项目安排中，对农机科研新技术和新产品予以倾斜。将农机流通纳入农村市场体系建设规划，加强现代农机流通体系建设，支持农机销售市场、配送中心电子统一结算、信息采集发布系统和区域性售后维修服务中心等农机流通基础设施建设。

五、加强组织领导

（二十一）明确部门分工。有关部门要高度重视促进农业机械化和农机工业发展工作，按照职责分工，密切配合，加强指导。农业机械化主管部门要认真履行规划指导、监督管理、协调服务职能，做好技术推广、生产组织、安全监理等工作，抓紧修订农业机械化统计指标体系，会同有关部门提出有关法律法规的修订意见、农机推广目录和补贴产品种类。农机工业主管部门要认真履行农机工业行业管理职能，加快制定农机工业发展规划、产业政策和行业准入办法，抓好产品质量管理。

水利部门要做好灌排设备更新改造规划，推广普及节水灌溉设备，协助农机工业主管部门做好大型灌排设备研发工作。发展改革部门要落实扶持农业机械化和农机工业发展的基本建设投资。财政部门要落实扶持农业机械化和农机工业发展的资金，加强农机购置补贴政策实施的监管。商务部门要加强对农机流通行业的指导，加快农机流通体系建设。科技部门要加大对农业机械化和农机工业科研开发支持力度。银行业和保险业监管部门要督促银行业金融机构和保险公司积极开展农机信贷、保险业务。其他部门也要根据职责积极支持农业机械化和农机工业发展。有关行业协会要当好政府与企业、农户的桥梁，充分发挥协调、服务、维权、自律的作用。

（二十二）落实地方政府责任。地方各级人民政府要统一思想，提高认识，把发展农业机械化和农机工业提上重要议事日程。深入学习宣传和贯彻实施《中华人民共和国农业机械化促进法》、《农业机械安全监督管理条例》等有关法律法规，不断提高依法促进农业机械化发展的能力和水平。建立工作责任制，结合本地情况，制定发展规划，明确发展目标，加强组织协调和相关机构队伍建设，充实力量，改善工作条件，保障工作经费，切实解决农机科研、生产、流通、推广应用、社会化服务等方面存在的突出问题，扎实推进本地区农业机械化和农机工业又好又快发展。

国务院

二〇一〇年七月五日

农业部关于大力推进农机社会化服务的意见

农机发〔2013〕3号

各省、自治区、直辖市及计划单列市农机（农业、农牧）局（厅、委、办），新疆生产建设兵团农业局，黑龙江省农垦总局：

农机社会化服务是农业社会化服务的重要内容。为贯彻党的十八大和今年中央1号文件关于“创新农业生产经营体制、构建农业社会化服务新机制”的部署，现就推进农机社会化服务提出以下意见。

一、重要意义

（一）基本涵义。农机社会化服务是指农机服务组织、农机户为其他农业生产者提供的机耕、机播、机收、排灌、植保等各类农机作业服务，以及相关的农机维修、供应、中介、租赁等有偿服务的总称。农机社会化服务与农机化公共服务相互结合、相互补充，分别为农业生产提供了经营性、公益性的农机化服务，共同构成了推进农业机械化发展的重要力量。

（二）成效问题。改革开放以来，我国农机户和农机服务组织迅速发展，农机社会化服务能力持续提升，服务方式不断创新，服务效益进一步提高，探索了一条中国特色农业机械化发展道路。但总的来看，我国农机社会化服务还存在服务主体实力不强、服务范围较窄、专业人才缺乏、基础条件薄弱等突出问题，与广大农民群众对农机社会化服务的多样化需求和现代农业发展需要尚有明显差距。

（三）重要性紧迫性。实践证明，大力推进农机社会化服务，是构建“集约化、组织化、专业化、社会化”相结合的新型农业经营体系的重要支撑，是解决农业生产“谁来种、种什么、怎么种”重大问题的现实途径，是实现农业机械化“全程、全面、高质、高效”发展的必然要求，对加快建设中国特色农业现代化具有重要意义。各级农机化主管部门要进一步提高推进农机社会化服务的重要性和紧迫性的认识，抢抓机遇，迎接挑战，改革创新，完善机制，进一步明确工作任务，落实保障措施，优化发展环境，大力推进农机社会化服务持续快速健康发展。

二、总体要求

（四）指导思想。认真贯彻党的十八大和中央1号文件精神，围绕建设现代农业和促进农民增收、创新农业经营体制的目标任务，以发展和壮大农机大户、农机合作社等各类农机服务组织为重点，以提高农机具使用效率和经济效益为核心，以推进农机服务产业化为方向，积极推动农机社会化服务机制创新，构建新型农机社会化服务体系，最大限度满足农民实际需求，最大限度解放发展农业生产力，最大限度增强农村发展活力。

（五）基本原则。坚持把满足农业生产和农民需求、提高机具使用效率，作为推进农机社会化服务的根本目的；坚持把强化政策扶持、培育壮大服务主体，作为推进农机社会化服务的关键举措；坚持把改革创新、不断完善服务机制，作为推进农机社会化服务的不竭动力；坚持把典型示范带动、鼓励多种服务方式发展，作为推进农机社会化服务的有效途径；坚持把依法规范发展、营造公平竞争的市场环境，作为推进农机社会化服务的重要保障。

（六）发展目标。农机社会化服务的市场主体进一步壮大、服务领域进一步拓展、服务质量进一步提升、服务效益进一步提高，推动农业机械化“全面、全程、高质、高效”发展。力争到2020年，全国拥有农机原值50万元以上的农机大户及农机服务组织的数量、全国农机化经营总收入均比2010年翻一番。

三、主要任务

（七）培育新型农机社会化服务主体。建立以财政资金为引导，农民个人、农业生产经营服务组织投资为主体，社会其他投资为补充的多渠道、多层次、多元化投入机制，扶持发展新型农机社会化服务主体。扶持农机户发展成为农机专业户，引导农机户和农户采取带机具、土地、资金、技术入社等多种方式创建农机合作社等服务实体。鼓励一部分具有实力的农机合作社流转承包土地，开展包括粮食烘干、农产品加工等在内的“一条龙”农机作业服务项目，成为既提供农机作业服务又从事农业生产经营的市场主体。积极推动农机服务主体开展横向联合与纵向协作，成立农机合作社联社、股份制作业公司、区域性农机服务中心、农机租赁公司等。

（八）构建新型农机社会化服务体系。以农机户为基础，农机服务组织为主体，农机中介服务为纽带，农机作业、维修、供应、中介、租赁服务为主要内容，政府支持服务为保障，建立起“覆盖全程、服务全面，机制灵活、运转高效，综合配套、保障有力”的新型农机社会化服务体系。培育农机作业市场，通过跨区作业、土地托管等服务模式，鼓励各类农机服务市场主体为其他农业生产者提供低成本、便利化、全方位、高质量的农机作业服务。培育农机维修市场，加快构建布局合理、服务规范、便捷高效的农机维修服务网络。培育农机供应市场，优化市场布局，发展连锁经营和电子商务，健全遍布城乡的农机零配件供应网络。发展农机中介服务，开展跨区作业信息咨询和机具调度，为农机服务供需双方搭建沟通桥梁。发展农机租赁服务，满足农民对农机的利用和投资需求。

（九）完善新型农机社会化服务机制。按照服务专业化、运行市场化、服务品牌化的要求，通过市场机制合理配置生产要素，建立起“产权清晰、权责明确、管理科学、诚信高效”的运行机制，充分发挥农机服务组织的生产潜力和经营活力。将国家对农机合作社的投入量化到每位入社成员，并按贡献进行分红，建立起合理公平、效率优先的分配机制，充分调动每一位社员的积极性、主动性和创造性。尊重社员参与管理的民主权利，将每个农机合作社建设成为自主决策、利益共享、风险共担、自我发展的利益共同体和命运共同体。

（十）培养新型农机社会化服务人才。按照“政策扶持、多元投入、按需施教、注重实效”的原则，切实加强农机实用人才队伍建设。实施阳光工程农机培训，加强农机职业技能鉴定，开展职业技能竞赛活动，培养造就一大批既精通农机驾驶、维修技术，又懂农业、农艺栽培技术的新型农机手。充分利用高等院校、农机企业等各类培训资源，重点加强农机合作社等农机服务组织领头人的培训，使之成为既懂生产又善管理的新型农机职业经理人。争取优惠政策，吸引大中专毕业生、专业技术人员等扎根农村、投身农机化，为农机社会化服务提供人才支撑。

四、保障措施

（十一）加强组织领导。要坚持把农机社会化服务作为农业机械化发展的重要内容，列入重要议事日程，明确分管机构和职责，充实人员力量，研究制定并落实推进农机社会化服务的相关政策。制定新型农机服务主体的认定标准，并开展摸底调查，因地制宜制定农机社会化服务发展规划。积极争取当地政府的重视和支持，把农机社会化服务纳入本地农机化工作目标考核内容，列入当地经济发展统计指标体系。

（十二）完善扶持政策。要加强与财政、国土、金融、保险等相关部门和机构的协调，加大扶持力度。积极推动已有扶持政策的落实，同时创设新的政策扶持措施。争取将扶持农机社会化服务的投入纳入地方财政预算，建立稳定的投入机制。采取政府订购、定向委托、奖励补助、招投标等方式，引导农机服务组织参与公益性服务。鼓励引导农机社会化服务组织发展，争取金融机构为其提供融资贷款支持，同时争取将农机保险纳入农业政策性保险补贴范围。加强农机具停放场（库棚）、维修间等基础设施建设用地需求调查和规划工作，进一步落实设施农用地管理有关政策，不断改善农机具保养和维修条件。

（十三）强化发展合力。要加强农机化系统内部协作，整合有关项目资源，形成共同推进农机社会化服务的强大合力。在已有的农机化财政项目和基本建设项目中，要鼓励农机服务组织作为项目的承担和实施主体，并将农机购置补贴、报废更新补贴、农机培训、作业补贴等项目资金向农机服务组织倾斜，优先安排，集中使用。加强与通讯、石油石化等企业合作，为农机社会化服务组织提供信息和用油供应等多种优惠服务。积极推进农机企业、科研院所与农机合作社开展“企社共建”、“院社共建”，实现合作共赢。

（十四）做好示范引导。要及时总结农机社会化服务的成效和经验，树立一批“设施完备、功能齐全、特色明显、效益良好”的农机社会化服务示范典型。继续开展全国、省级农机合作社、维修点等示范社（点）创建，加强农机社会化服务品牌建设。建立健全农机社会化服务挂钩帮扶机制，配备专职辅导员，履行宣传指导、咨询服务和统计监测等职责。开展农机社会化服务的标准化建设，提高规范高效服务水平。进一步加强新闻宣传和示范引导，为农机社会化服务营造良好的发展氛围。

（十五）改善市场环境。要研究制定农机社会化服务的行为规范和技术标准，让各个市场主体公平参与竞争。建立健全农机化质量投诉监督体系，及时受理和处理对农机产品质量、作业质量、维修质量以及售后服务质量的投诉。利用现代信息技术和装备，做好农机服务的市场供需、作业价格等信息的采集、统计和分析工作，并及时向社会发布。支持开展农机社会化服务信用体系建设和信用等级、服务能力评价，对信誉高、服务好、守信用的农机大户、农机服务组织予以列名支持。要采取更加有效措施，推动建立“统一开放、竞争有序”的农机社会化服务市场。

农业部

2013年10月11日

农业部关于加快发展农机专业合作社的意见

农机发〔2009〕6号

各省、自治区、直辖市农机管理局（办公室），黑龙江省农垦总局农机局、新疆生产建设兵团农机局：

农机专业合作社是农民专业合作社的重要组成部分。近年来，特别是《农民专业合作社法》公布实施以来，我国农机专业合作社快速发展，组织化、规模化、产业化程度不断提高，显示出强大的生命力，为推进农业机械化，促进农业稳定发展、农民持续增收做出了积极贡献。但总体上看，当前我国农机专业合作社的发展尚处于起步阶段。一些地方对发展农机专业合作社的重要性和紧迫性认识不足，工作力度不大，扶持措施不够，农机专业合作社发展缓慢。一些农机专业合作社组织化程度较低，运行不够规范，发展水平不高。为深入贯彻落实党的十七届三中全会决定和中央1号文件精神，加快发展农机专业合作社，推进现代农业和社会主义新农村建设，现提出如下意见。

一、充分认识发展农机专业合作社的重要意义

农机专业合作社将农机经营者有效组织起来，开展农机社会化服务，加强农机拥有者和使用者的紧密联结，扩大了农机作业服务规模，提高了机械利用率和农机经营效益，有效解决了农业机械大规模作业与亿万农户小规模生产的矛盾。通过农机专业合作社，可以实现农业规模化经营、标准化生产、社会

化服务的有机统一，促进土地、劳动力、资金、装备、技术、信息、人才等生产要素的有效整合，推动农机农艺结合，加快农业科技应用，提高农业生产集约化水平和组织化程度，完善农村基本经营制度，有效提高土地产出率、劳动生产率和资源利用率。发展农机专业合作社，有利于促使维修、信息服务与机械使用有机结合，推动大型、复式、高性能机械和先进农业技术的推广应用；有利于落实政策宣传、农机维修、技术培训、生产组织和安全教育，健全基层农机化技术推广服务体系，推进农机服务市场化、社会化、产业化；有利于把农机手组织起来，提高农机作业的组织化程度，促进新型农民发展。因此，加快发展农机专业合作社，是完善农业生产经营体制的重要内容，是增强农业综合生产能力的有效举措，是推进农业科技进步的有生力量，是提升农机化水平的迫切需要。各级农机化主管部门要切实增强责任感、使命感和紧迫感，认清形势，把握机遇，尤其要抓住国家农机具购置补贴大幅度增加，农民购买和使用农业机械热情高涨的有利时机，认真总结经验，明确工作目标，采取有力措施，推进农机专业合作社快速发展。

二、进一步明确发展农机专业合作社的总体思路和目标任务

当前和今后一个时期发展农机专业合作社的总体思路是：以党的十七大和十七届三中全会精神为指导，深入贯彻落实科学发展观，全面实施《农民专业合作社法》，把发展农机专业合作社作为发展农业机械化的重要组织形式和建设农机社会化服务体系的主攻方向，落实政策措施，积极培育建设，加强指

导服务，推进多样化创建、规范化运营、市场化服务、产业化经营，推动农机专业合作社又好又快发展。

到2015年，发展农机专业合作社的目标任务是：农机专业合作社数量有大幅度增加，发展质量有明显提升，机制更加灵活，制度更加规范，服务领域更加宽广，效益更加明显，社会化服务程度显著提高，在农业机械化发展中的主体作用明显增强，在农业社会化服务中的影响力、带动力充分显现。

三、准确把握发展农机专业合作社的基本原则

发展农机专业合作社，必须以《农民专业合作社法》为准绳，把握和遵循以下基本原则。

——坚持农民自主。按照“民办、民管、民受益”的原则，以农民、机手为主体，以服务社员为宗旨，实行民主选举、民主管理、民主决策、民主监督，最大程度的实现和维护社员利益，不断增强农机专业合作社的凝聚力、吸引力和感召力。

——坚持因地制宜。从本地实际出发，因势利导，鼓励合作形式多样化，投资主体多元化，服务方式市场化，增强发展活力。鼓励农机专业合作社在搞好农机服务的基础上，根据农民生产经营的需要，拓宽服务领域，成为农业社会化服务体系的重要力量。

——坚持政府扶持。把政府扶持作为发展农机专业合作社的有力支撑，对农机专业合作社的发展给予多方面的扶持、指导和服务。认真落实法律法规和各级政府规定的各项扶持农机专业合作社发展的政策措施，特别是财政、税收、金融、科技、人才等方面的政策措施，保护和调动农民的积极性，推动

农机专业合作社加快发展。

——坚持示范引导。以试点示范引路，典型带动，以点带面。防止压任务、下指标，切忌一刀切、急于求成，推动农机专业合作社健康发展。

——坚持规范发展。正确处理好规范与发展的关系，发展与规范并重，将农机专业合作社制度建设、运行机制完善放在与增加装备设施投入同等重要的位置，在促进发展中抓好规范。通过规范建设，完善机制，提高发展能力，增强发展活力，实现持续发展。

四、认真落实发展农机专业合作社的扶持措施

（一）落实扶持政策。协调落实对跨区作业的农机免收道路通行费，对农技推广、农机作业和维修等服务项目免征所得税，对农民专业合作社免除登记及审检费等政策。各地农机更新补贴、政策性保险、农机作业补贴等政策要向农机专业合作社倾斜。有条件的地区，农机化主管部门要减免农机专业合作社操作人员的培训考试费用和拖拉机、联合收割机的登记、检验等费用，扶持农机专业合作社发展。

（二）加大投入力度。农机购置补贴资金向农机专业合作社倾斜，优先补贴，实行多购多补，有条件的地方可以累加补贴。多渠道争取农机专业合作社建设资金，强化合作社基础设施条件建设，完善合作社服务功能，壮大合作社经济实力。各级农机化主管部门要支持农机专业合作社承担各种农业机械化发展和建设项目，将农机专业合作社作为实施各类农机财政专项和基本建设项目、科技研究推广项目的重要主体。引导农业产业化龙头企业和其他社会资金投资农机专业合作社，逐步建

立起国家扶持、群众自筹、集体入股、银行贷款等多渠道、多形式、多元化的投入机制。

（三）加快人才培养。按照分类指导、分级负责、注重实效的原则，制订培训规划，采取学历教育、远程教育、短期进修、参观考察多种形式，培养农机专业合作社专门人才。大力开展农机专业合作社的法人代表和财会人员、维修人员和高级操作工等业务骨干培训，全面提高农机专业合作社的经营管理和技术水平。支持农业大专院校和农机职业技术学校开办相关专业和课程。加强对县乡农机化主管部门工作人员有关法律知识、业务知识的培训，提高指导农机专业合作社发展的能力和水平。

（四）加强示范引导。树立典型，广泛宣传，加强工作指导与服务，推广成功经验，示范带动农机专业合作社发展。组织开展农机专业合作社示范社建设活动，培育发展一批设施完备、功能齐全、特色明显、效益良好的示范合作社。抓紧制定完善农机专业合作社库棚建设、维修能力建设等规范，宣传推广《农机专业合作社示范章程》、《农机社会化服务作业合同》等规范，引导农机专业合作社依法经营，规范运作，诚信服务，提高效益。加强对农机专业合作社经营管理和技术应用的指导、服务。做好信息引导和服务，及时向农机专业合作社及广大农民发布农机作业需求、价格行情、天气资讯、油料供应、维修服务等信息，支持、引导农机专业合作社的生产经营活动。

五、切实加强发展农机专业合作社工作的组织领导

各级农机化主管部门要坚持把发展农机专业合作社作为促

进农业机械化发展的重要任务和重点工作，摆上重要位置，列入议事日程。要结合实际制定本地区农机专业合作社建设发展规划，提出切实可行的发展目标和任务，强化资金保障、示范推广、人员培训和指导服务等措施。要把发展农机专业合作社作为农机化工作的重要考核内容，整合资源，落实责任，调动农机管理、推广、培训、维修、安全监理、信息服务等方面的力量，形成齐抓共促的良好局面。要加强与有关部门的协调沟通，解决农机专业合作社发展中遇到的资金投入、用地保障、油料供应、工商登记、场库棚建设和维修保障等方面的困难和问题，形成各方面支持农机专业合作社发展的合力。要加强普法宣传，进一步增强农民群众和广大农机手的法律意识，推动依法办社。要深入实际，调查研究，加强工作指导，及时了解新情况，总结新经验，解决新问题，促进农机专业合作社又好又快发展。

农业部

二〇〇九年六月二十九日

农业部关于加强农机农艺融合加快推进薄弱环节机械化发展的意见

农机发〔2010〕8号

各省、自治区、直辖市及计划单列市农业、农机、畜牧、农垦、渔业厅（局、委、办），新疆生产建设兵团农业局，黑龙江省农垦总局：

为认真贯彻党的十七届五中全会精神，落实《国务院关于促进农业机械化和农机工业又好又快发展的意见》（国发〔2010〕22号），加强农机农艺融合，促进农机农艺协调发展，实现粮棉油糖等大宗农作物机械化水平明显提高，养殖业、林果业、设施农业、农产品初加工机械化协调推进的目标，现提出如下意见：

一、深刻认识加强农机农艺融合的重要意义

随着工业化、城镇化的深入发展，农村劳动力结构和农民劳动观念发生了深刻变化，农民对农机作业的需求越来越迫切，农业生产对农机应用的依赖越来越明显。新一代农民更加向往有体面的劳动和有尊严的生活，机械化程度的高低已直接影响农民的农业生产意愿。近年来我国农业机械化得到快速发展，2009年全国农作物耕种收综合机械化水平达到49.13%，2010年将突破50%，农业生产方式将实现以人畜力为主到机械化为主的历史性转变。但必须清醒地看到，我国农机化发展仍然存在较多薄弱环节，如：水稻机械插秧、玉米机收水平不到

17%，油菜机播、机收水平仅为10.4%和8.8%，马铃薯播种、收获、甘蔗收获、棉花收获、花生收获等环节的装备尚处于试验试制阶段，畜牧水产养殖业、林果业、农产品初加工、设施农业等机械化发展也滞后于实际需求。这些薄弱环节机械化问题如不尽快解决，不仅将制约农机化全面协调发展，也将影响农业现代化进程。

造成这些薄弱环节机械化发展较慢的原因很多，农机农艺结合不够紧密是其中一个重要因素。主要表现在：农机与农艺的联合研发机制尚未建立，一些作物品种培育、耕作制度、栽植方式不适应农机作业的要求，农民种植养殖习惯差异大，种养标准化程度偏低等。

国内外实践表明，农机农艺融合，相互适应，相互促进，是建设现代农业的内在要求和必然选择。当前，我国农机化发展已经到了加快发展的关键时期，农机农艺有机融合，不仅关系到关键环节机械化的突破，关系到先进适用农业技术的推广普及应用，也影响农机化的发展速度和质量。实现农机农艺的融合，对促进农业稳定增产和农民持续增收，加快推进农业现代化有着十分重要的意义。

二、明确促进农机农艺融合的目标任务

认真落实国务院《关于促进农业机械化和农机工业又好又快发展的意见》要求，加强管理部门相互协调、科研单位联合攻关、推广机构相互协作，建立农机农艺融合的协调机制；以提高机械作业适应性为重点，推动栽培和养殖方式的改进和作物品种的选育，形成农艺农机相适应的技术体系，提高农业生产标准化、规模化水平和组织化程度，为农机化作业创造条件；以粮食作物为重点，力争尽快实现关键薄弱环节农机化的突破，全面推进粮食作物、经济作物以及林果业、畜牧业、渔业、设施农业、农产品初加工机械化；坚持走中国特色农机化发展道路，积极开展技术创新、组织创新和制度创新，加强农机化基础设施和公共服务能力建设，完善农机社会化服务体系，推进农业技术集成化、劳动过程机械化和生产经营信息化，不断提高土地产出率、资源利用率和劳动生产率，加快现代农业建设。

三、积极推进农机农艺融合的主要措施

（一）科学制定农机化发展规划。各级农机化主管部门要结合制定农机化“十二五”发展规划，按照国务院提出的2015年和2020年农机化发展目标，研究制定分阶段、分地区农机化发展目标和推进大宗农产品重点农作物关键环节机械化发展任务，落实措施，分类指导，梯度推进。

（二）加快研发关键环节农机化技术和装备。建立农机和农艺科研单位协作攻关机制，整合现有农机院所科研力量，建立重点作物的农机化实验室，组织农机和农业科研推广单位、生产企业联合攻关。加强农艺技术研究，将机械适应性作为科研育种、栽培和养殖方式推广的重要指标，有针对性地示范推广农机农艺结合紧密的机型、作物品种和种植养殖方式。加强农机技术研究，抓紧水稻育插秧、玉米收获、油菜、甘蔗、棉花生产等薄弱环节机械化技术及装备研发，适应农业规模化、精准化、设施化等要求，加快开发多功能、智能化、经济型农业装备设施，重点在田间作业、设施栽培、健康养殖、精深加工、储运保鲜等环节取得新进展。加强农机农艺技术集成，针对重点薄弱环节，制定和完善区域性农机化技术路线、模式和作业规范。

（三）积极推广重点作物关键环节农机化技术。充分利用重点农机化技术推广、农作物高产创建示范、现代农业示范、农业标准化生产等项目，加大关键环节农机化技术示范推广力度，扩大推广范围。重点开展水稻育插秧、玉米、油菜、花生、马铃薯机械化技术示范，以及甘蔗、棉花、大豆、牧草生产机械试验选型和示范推广，大力推广保护性耕作、旱作节水、现代养殖、设施农业、农村节能减排技术，促进薄弱环节机械化技术突破和发展。

（四）抓紧完善适应机械化作业的种植技术体系。制定科学合理、相互适应的农艺标准和机械作业规范，完善农机、种子、土肥、植保等推广服务机构紧密配合的工作机制，组织引导农民统一作物品种、播期、行距、行向、施肥和植保，为机械化作业创造条件。在玉米生产方面：积极推进玉米标准化、规模化种植，在一定区域范围统一品种和种植模式，因地制宜确定玉米机械化收获技术路线和适宜机型。在水稻生产方面：以育插秧为重点，加快形成和完善区域性育秧作业规范，并在品种选择、育秧、植保、田间管理、茬口对接等各个环节加强农机农艺的融合。在油菜生产方面：以播种、收获和秸秆处理机械化为重点，开展农机农艺技术集成配套，完善技术模式和机具配套方案。

（五）进一步加大政策扶持力度。发挥农机购置补贴的调控作用，优先保证重点和薄弱环节作业机械购置补贴，加大补贴力度。积极争取实施农机作业和技术补贴，调动农民应用深松整地、秸秆还田、机插秧、高效植保等增产增效、资源节约和生态保护农机化技术的积极性。认真实施保护性耕作建设工程，加快实施农机化推进工程，积极推进机械化秸秆综合利用和油菜生产机械化示范县建设，加大农机化基础设施建设力度，提高农机化公共服务能力。推进基层农机化推广机构改革和建设，将基层农机化技术推广体系，纳入基层农技推广体系改革和建设示范县、乡镇农业技术推广机构建设等项目实施范围，改善设施条件，提高推广能力。

（六）大力开展农机农艺知识和技术培训。各级农机化、科教、种植业部门要积极配合，结合重点农时，组织开展专项培训活动，向农机手传授先进适用农机化技术和农艺技术。充分利用阳光工程等农民培训项目，将农机手和修理工作为培训重点，加大培训力度。进一步加强职业技能培训和鉴定工作，加强政企联动，积极引导生产企业做好农机手的培训工作。同时，也要加强基层农技、农机推广人员业务培训工作。

（七）努力推进农机社会化服务。加强农机社会化服务体系建设，积极扶持农机合作社和农机大户，提高农机服务组织化程度。积极培育农机服务市场，以市场为导向，组织开展社会化服务，提高机手效益。加强信息服务，引导农民开展跨区作业。加强农机维修网点建设，督促企业完善售后服务网络，提高售后服务能力。进一步规范农机销售市场、作业市场、维修市场，切实加强农机产品质量监督和在用农机质量调查，提高农机装备质量安全水平。

四、切实加强农机农艺融合工作的组织领导

农业机械化是发展现代农业的重要物质基础，农业机械化是农业现代化的重要标志。当前我国正处在从传统农业向现代农业转变的关键时期。发展农业机械化，事关加快转变农业发展方式，事关推进农业现代化和加快社会主义新农村建设，事关经济社会发展全局。各地要认真贯彻落实党的十七届五中全会关于加快发展农业机械化和设施农业的要求及国发〔2010〕22号文件提出的各项政策措施。

各级农机化主管部门和农业系统相关部门要把农机农艺融合工作摆上重要位置，加强组织领导，密切沟通协作，采取切实措施，积极努力推进。要成立农机农艺融合协调小组和农机农艺融合专家组，定期会商，统筹协调解决农机化发展中遇到的困难和问题。各省区市农机化主管部门要会同农业系统相关部门，结合实际认真研究农机农艺融合的重点，明确目标，制定措施，形成工作方案，并认真组织实施。要加大农机农艺融合重要意义的宣传，形成良好氛围，积极培育农机农艺融合的典型，加强示范引导，提高农民应用农机农艺融合技术的自觉性，推动农业机械化科学发展，为实现中国特色农业现代化做出贡献。

二〇一〇年十一月三日

农业机械试验鉴定办法

中华人民共和国农业部令

2015年第2号

现公布《农业部关于修订〈农业机械试验鉴定办法〉的决定》，自公布之日起施行。

农业部部长

2015年7月15日

（2005年7月26日农业部令第54号公布；根据2013年12月31日农业部令第5号修订；根据2015年7月15日农业部令第2号修订）

第一章 总 则

第一条 为了促进先进适用农业机械的推广应用，维护农业机械使用者及生产者、销售者的合法权益，根据《中华人民共和国农业机械化促进法》和《中华人民共和国农业技术推广法》，制定本办法。

第二条 本办法所称农业机械试验鉴定（以下简称农机鉴定），是指农业机械试验鉴定机构（以下简称农机鉴定机构）通过科学试验、检测和考核，对农业机械的适用性、安全性和可靠性做出技术评价，为农业机械的选择和推广提供依据和信息的活动。

根据鉴定目的不同，农机鉴定分为：

（一）推广鉴定：全面考核农业机械性能，评定是否适于推广；

（二）选型鉴定：对同类农业机械进行比对试验，选出适用机型；

（三）专项鉴定：考核、评定农业机械的专项性能。

第三条 农机鉴定包括部级鉴定和省级鉴定，由农业机械生产者或者销售者自愿申请。通过部级鉴定的产品不再进行省级鉴定。

第四条 农业部主管全国农机鉴定工作，制定并定期调整、发布全国农机鉴定产品种类指南、计划，公布鉴定大纲。

省、自治区、直辖市人民政府农业机械化行政主管部门主管本行政区域的农机鉴定工作，制定并定期调整、发布省级农机鉴定产品种类指南、计划，公布鉴定大纲。

第五条 农机鉴定坚持公正、公开、科学、高效的原则，接受农业机械使用者、生产者、销售者和社会的监督。

第六条 通过农机鉴定的产品，可以依法纳入国家促进农业机械化技术推广的财政补贴、优惠信贷、政府采购等政策支持的范围。

农业（农业机械化）行政主管部门和农业技术推广机构对通过农机鉴定的产品应当予以推广。

第二章　鉴定机构

第七条　农机鉴定由省级以上人民政府农业机械化行政主管部门所属的农机鉴定机构实施。

第八条　农机鉴定机构应当具备下列条件：

（一）不以赢利为目的的公益性事业组织；

（二）通过国家规定的计量认证

（三）具有与鉴定工作相适应的工作人员、场所和设施设备；

（四）具有符合鉴定工作要求的工作制度和操作规范。

第九条　农业部和省级人民政府农业机械化行政主管部门根据第八条规定条件，分别确定承担部级和省级鉴定任务的农机鉴定机构及可鉴定的产品范围，并予公布。

第三章　申请和受理

第十条　申请农机鉴定的产品应当符合下列条件：

（一）属定型产品；

（二）有一定的生产批量；

（三）列入农机鉴定产品种类指南或计划；

（四）申请前三年内，未因违反本办法第二十七条第一、三、四、六项的规定被收回、注销农业机械推广鉴定证书和标志。

第十一条 申请农机鉴定的农业机械生产者或者销售者应当向农机鉴定机构提交下列材料：

（一）农机鉴定申请表；

（二）企业法人营业执照复印件（境外企业提供主管机关的登记注册证明）；

（三）产品定型证明文件；

（四）产品标准的文本；

（五）产品使用说明书。

委托他人代理申请的，还应当提交农业机械生产者或者销售者签署的委托书。

第十二条 农机鉴定机构应当在收到申请之日起 10 日内对申请材料进行审查，决定是否受理，并书面通知企业。不予受理的，应当说明理由。

第四章 试验鉴定

第十三条 农机鉴定依据省级以上人民政府农业机械化行政主管部门公布的鉴定大纲进行。

第十四条 农机鉴定机构应当在受理申请后与企业确定试验鉴定时间，组织人员按鉴定大纲抽取或确认样机，并审核必需的技术文件。

第十五条 鉴定用样机由申请者提供，并按期送到指定试验地点。鉴定结束后，样机由申请者自行处理。

第十六条 试验鉴定内容根据鉴定类型在下列五项中确定：

（一）生产条件审查；

（二）性能试验与安全检查；

（三）适用性和可靠性试验；

（四）使用说明书和“三包”凭证审查；

（五）用户调查。

第十七条 同一企业的同一产品在申请两种以上鉴定时，相同鉴定内容不重复进行。

第十八条 农机鉴定机构应当在试验鉴定结束之日起 15 日内向企业出具鉴定报告。

第十九条 申请者对鉴定结果有异议的，应当在收到鉴定报告之日起 15 日内向原鉴定机构申请复验一次。

第五章 鉴定公告

第二十条 农机鉴定机构应当在指定媒体上公布通过鉴定的产品和相应的检测结果。

第二十一条 对通过推广鉴定的产品，农机鉴定机构应当在公布后 10 日内颁发农业机械推广鉴定证书，产品生产者凭农业机械推广鉴定证书使用农业机械推广鉴定专用标志。

第二十二条 农业机械推广鉴定证书和标志的式样由农业部统一制定、发布。

农业机械推广鉴定证书和标志的有效期自签发之日起至第 5 年的 12 月 31 日止。

禁止伪造、涂改、转让和超范围使用农业机械推广鉴定证书和标志。

第六章 监督管理

第二十三条 省级以上人民政府农业机械化行政主管部门应当组织对通过农机鉴定的产品及农业机械推广鉴定证书和标志的使用情况进行监督，发现有违反本办法行为的，应当依法处理。

第二十四条 农机鉴定机构应当严格依照鉴定大纲进行农机鉴定，不得伪造鉴定结果或者出具虚假证明，并对鉴定结果承担责任。

第二十五条 获得农业机械推广鉴定证书产品的商标、企业名称和生产地点发生改变的，生产者应当凭相关证明文件向原发证机构申请变更换证；改变结构、型式和生产条件的，应当重新申请鉴定。

第二十六条 省级以上人民政府农业机械化行政主管部门根据用户的投诉和举报情况，组织对通过农机鉴定的产品进行调查，并及时公布调查结果。

第二十七条 通过鉴定的产品，有下列情形之一的，由原发证机构撤销农业机械推广鉴定证书，并予公告：

（一）产品出现重大质量问题，或出现集中的质量投诉后生产者在规定期限内不能解决的；

（二）商标、企业名称和生产地点发生改变未申请变更的；

（三）改变结构、型式和生产条件未重新申请鉴定的；

（四）在国家产品质量监督抽查或市场质量监督检查中有严重质量问题的；

（五）国家明令淘汰的；

（六）通过欺诈、贿赂等手段获取鉴定结果或证书的；

（七）涂改、转让、超范围使用农业机械推广鉴定证书和标志的。

第七章 罚 则

第二十八条 县级以上地方人民政府农业（农业机械化）行政主管部门强制或者变相强制农业机械生产者、销售者对其生产、销售的农业机械产品进行鉴定的，由上级主管机关或者监察机关责令限期改正，并对直接负责的主管人员和其他直接责任人员给予行政处分。

第二十九条 农机鉴定机构不按规定进行鉴定、伪造鉴定结果或者出具虚假证明的，由农业机械化行政主管部门责令改正，对单位负责人和其他直接责任人员，依法给予行政处分；情节严重的，取消其鉴定资格；给农业机械使用者造成损失的，依法承担赔偿责任。

第三十条 从事农机鉴定、审查工作的人员徇私舞弊、弄虚作假、滥用职权、玩忽职守的，依法给予行政处分。

第三十一条 伪造、冒用或使用过期的农业机械推广鉴定证书和标志的，由农业机械化行政主管部门责令停止违法行为，有违法所得的，处违法所得二倍以下罚款，但最高不超过三万元；无违法所得的，处一万元以下罚款。

第八章　附　则

第三十二条　农机鉴定机构从事农业机械的科研鉴定、新产品鉴定、进出口鉴定、仲裁检验、质量认证检验、质量监督抽查等其他鉴定、检验工作，按国家有关规定执行。

第三十三条　本办法所称日，是指工作日。

第三十四条　本办法自2005年11月1日起施行。1982年8月31日农牧渔业部发布、1997年12月25日和2004年7月1日农业部修订的《中华人民共和国农牧渔业部农业机械鉴定工作条例（试行）》（〔82〕农机字第10号）同时废止。

附　录

农业机械推广鉴定实施办法

中华人民共和国农业部公告

第 2331 号

根据《农业机械试验鉴定办法》（2005 年 7 月 26 日农业部令第 54 号公布，2013 年 12 月 31 日农业部令 2013 年第 5 号修订，2015 年 7 月 15 日农业部令 2015 年第 2 号修订）的规定，现发布《农业机械推广鉴定实施办法》，自 2016 年 1 月 1 日起施行。2010 年农业部公告第 1438 号、《农业部关于印发〈农业机械试验鉴定机构能力认定办法〉和〈农业机械推广鉴定证书和标志管理办法〉的通知》（农机发〔2005〕9 号）同时废止。

特此公告。

农业部

2015 年 12 月 15 日

第一章　总　则

第一条　为规范农业机械推广鉴定工作，明确推广鉴定的内容、程序和要求，依据《农业机械试验鉴定办法》，制定本办法。

第二条　本办法所称农业机械推广鉴定（以下简称农机推广鉴定），是指农业机械试验鉴定机构（以下简称农机鉴定机构）通过科学试验、调查和考核，对农业机械的适用性、安全性和可靠性等进行技术评价，评定其是否适于推广的活动。

农机推广鉴定包括部级农机推广鉴定和省级农机推广鉴定。

第三条　农机推广鉴定工作坚持科学、公正、高效、统一的原则，促进农业机械产品质量的提高和先进适用、技术成熟、安全可靠、节能环保农业机械的推广应用。

第四条　农机推广鉴定依据农业部或省级人民政府农业机械化行政主管部门发布的相关产品农机推广鉴定大纲进行。相关产品有部级农机推广鉴定大纲的，应当按照部级农机推广鉴定大纲进行鉴定。

第二章　申　请

第五条　农机推广鉴定的申请者应当是具有企业法人资格的农业机械生产者。

第六条　申请农机推广鉴定的产品应当是定型产品，其生产量、销售量应当符合部级或省级农机推广鉴定大纲的要求。

第七条 申请者应当提交加盖法人公章的以下材料：

（一）《农业机械推广鉴定申请表》一式三份；

（二）企业法人营业执照复印件一份；

（三）产品定型证明文件复印件一份；

（四）产品企业标准复印件一份；

（五）产品使用说明书一份；

（六）国家实施生产许可和强制性认证等管理的产品，应当提供相应证书及附件的复印件一份；

（七）农机推广鉴定大纲规定的其他材料。

前款规定的产品定型证明文件由《企业承诺书》和以下材料之一组成：

（一）全国工业产品生产许可证书；

（二）强制性产品认证证书；

（三）自愿性产品认证证书；

（四）其他单位按相关部门规定出具的产品鉴定证书；

（五）具有资质的产品质量检验机构或通过实验室认可的企业实验室出具的型式试验报告。

第八条 农机推广鉴定申请表应当按照一个独立的申请产品填写，符合农机推广鉴定大纲涵盖机型规定的，可与主机型合并申报，但应当同时提供本办法第七条第一款第四、五、六、七项要求的材料。

第九条 农机推广鉴定证书有效期届满需要继续保持资格的，证书持有者应当在有效期满6个月前提出续展申请，并提供本办法第七条第一款除第三项外的其他材料。

第三章 受 理

第十条 部级农机推广鉴定由农业部农业机械试验鉴定总站受理，省级农机推广鉴定由省级人民政府农业机械化行政主管部门公布的受理机构受理。

第十一条 受理机构负责对申请材料进行审查，自收到申请材料之日起 10 个工作日内决定是否受理并书面通知申请者。不予受理的，应当说明理由。

第十二条 申请农机推广鉴定的产品有下列情形之一的，不予受理：

（一）未列入农机推广鉴定产品种类指南的；

（二）生产量、销售量不满足要求的；

（三）国家明令淘汰的；

（四）申请材料不全或不符合要求的；

（五）申请前三年内，因违反《农业机械试验鉴定办法》第二十七条第一、三、四、六项的规定被撤销农机推广鉴定证书的；

（六）应当不予受理的其他情形。

第十三条 受理机构根据公正、公平、合理、高效的原则统筹安排农机推广鉴定任务，明确完成鉴定任务的时间。农机鉴定机构应当于每年 12 月底前向所属人民政府农业机械化行政主管部门报告本年度鉴定工作情况。

第十四条 申请者应当按照有关规定向受理或承担鉴定任务的机构交纳相关费用。

第四章　鉴定与公告

第十五条　农机推广鉴定内容主要包括安全性、适用性和可靠性评价。

第十六条　农机鉴定机构独立完成推广鉴定任务的，应当由该机构出具农机推广鉴定报告。与具有资质的产品质量检验机构合作完成的，由鉴定机构出具农机推广鉴定报告。

第十七条　农机鉴定机构应当在鉴定报告签发之日起15个工作日内向申请者出具农机推广鉴定报告。申请者对鉴定结果有异议的，可以在收到农机推广鉴定报告之日起15个工作日内向出具报告的农机鉴定机构申请复验一次。复验费用由责任方承担。

第十八条　农业部农业机械试验鉴定总站负责对通过部级农机推广鉴定的产品进行公告并颁发部级农机推广鉴定证书；省级农机鉴定机构负责对通过省级农机推广鉴定的产品进行公告并颁发省级农机推广鉴定证书。

通过农机推广鉴定的产品原则上每季度公告一次，其鉴定报告的相关内容应当在公告之日起10个工作日内公布。

第十九条　获得农机推广鉴定证书的产品，生产企业按照农业部规定的式样自行制作专用标志，并加施在获证产品本体的显著位置。

第二十条　农机推广鉴定证书应当载明制造商名称和注册地址、产品名称、产品型号、涵盖型号（适用时）、证书编号、换证日期（变更时适用）、有效期等相关内容。证书编号由级别（部级或省级）、颁发年代号和颁发顺序号三部分组成。

证书规格为 A4 竖版，其式样见附件 1。

第二十一条 农机推广鉴定标志的名称为“农业机械推广鉴定证章”，由基本图案、证书编号组成，其式样及规格参数见附件 2。

第二十二条 农机推广鉴定证书有效期满申请续展的，农机鉴定机构应当对产品一致性和证书、标志使用情况进行检查，符合要求的，颁发新的农机推广鉴定证书。

第五章 变 更

第二十三条 农机推广鉴定证书有效期内证书信息发生改变的，证书持有者应当在 30 日内向原农机推广鉴定受理机构提出证书变更的书面申请并提交相关证明材料。

申请证书变更的，应当交回原证书。

产品规格发生变化且超出相关产品农机推广鉴定大纲允许范围的，应当重新申请推广鉴定。

第二十四条 农机鉴定机构对证书变更申请的书面材料进行审查核实，可以确定申请变更的信息未涉及产品变更的，应当直接变更；涉及产品变更的，应当安排进行产品一致性检查，经确认后 15 个工作日内完成证书变更。变更后的证书编号和有效期截止日期保持不变。

第二十五条 对经批准变更农机推广鉴定证书的产品和企业，按照本办法第十八条的有关规定予以公告。

第六章 监督与管理

第二十六条 省级以上人民政府农业机械化行政主管部门

应当组织对通过农机推广鉴定的产品进行监督抽查。监督抽查内容包括：

（一）制造商名称、地址及产品一致性情况；

（二）证书和标志使用情况。

第二十七条 省级以上人民政府农业机械化行政主管部门应当加强对农机鉴定机构的监督。

农机推广鉴定工作结束后7个工作日内，申请企业应当填写《农业机械推广鉴定工作情况反馈表》报送农业部农业机械化管理司或省级人民政府农业机械化行政主管部门。

第二十八条 农机鉴定员由所在的农机鉴定机构对其进行相关法律法规、技术规范、试验方法和仪器操作方法的培训和考核，成绩合格者方可从事农机推广鉴定工作。

第二十九条 农机鉴定机构应当按照分段分级各负其责的原则，建立内部管理制度，规范鉴定行为。

农机鉴定员被举报或投诉的，其所在的农机鉴定机构应当于60个工作日内进行调查核实。经查证属实的，视情节轻重进行批评教育、取消农机鉴定员资格或依法给予行政处分。

第三十条 农机鉴定机构应当建立规范的档案管理制度，完整保存农机推广鉴定工作记录和相关材料，档案保存期至少为6年。

农机推广鉴定证书有效期满续展获证的，应当同时保存其初次推广鉴定报告。

第七章 能力认定

第三十一条 开展部级农机推广鉴定工作的农机鉴定机构

应当通过农业部组织的部级鉴定能力认定。开展省级农机推广鉴定工作的农机鉴定机构应当通过省级人民政府农业机械化行政主管部门组织的省级鉴定能力认定。

第三十二条 省级以上人民政府农业机械化行政主管部门应当组织专家组对申请鉴定能力认定的机构进行资格验证和鉴定能力考核。

第三十三条 申请鉴定能力认定的鉴定机构，应当满足以下要求方可通过资格验证：

（一）具有独立事业法人资格，不以营利为目的；

（二）通过国家规定的计量认证。

第三十四条 申请鉴定能力认定的鉴定机构，应当满足以下要求方可通过鉴定能力考核：

（一）能够完成能力认定所依据农机鉴定大纲规定的全部项目，并出具相应的鉴定报告；

（二）具有开展申请认定项目试验鉴定的设施、设备、场所和操作规范；

（三）建立并有效实施规范开展鉴定工作的质量管理体系；

（四）农机鉴定员比例不低于机构人员总数的50%。

第三十五条 通过能力认定的农机鉴定机构有下列情形之一的，由省级以上人民政府农业机械化行政主管部门取消相应能力认定：

（一）不按规定进行鉴定、伪造鉴定结果或者出具虚假证明的；

（二）认定条件发生重大变化，不符合本办法规定，在规定期限内整改未达到要求的；

(三) 申请终止的;

(四) 其他应当取消的情形。

被取消鉴定能力认定的农机鉴定机构，3 年后方可申请重新认定。

第三十六条 能力认定的有效期为五年。农机鉴定机构应当在有效期满 6 个月前重新申请能力认定。

第三十七条 省级以上人民政府农业机械化行政主管部门应当及时公告农机鉴定机构鉴定能力情况。

第八章 附 则

第三十八条 《农业机械推广鉴定申请表》、《企业承诺书》、《农业机械推广鉴定工作情况反馈表》由农业部农业机械试验鉴定总站另行制定和发布。

第三十九条 本办法自 2016 年 1 月 1 日起施行，2010 年农业部公告第 1438 号、《农业部关于印发〈农业机械试验鉴定机构能力认定办法〉和〈农业机械推广鉴定证书和标志管理办法〉的通知》(农机发〔2005〕9 号) 同时废止。

附件：1. 农业机械推广鉴定证书式样 (略)

2. 农业机械推广鉴定标志式样及规格参数 (略)

农业机械试验鉴定机构部级鉴定能力认定实施细则

农业部办公厅关于印发《农业机械试验鉴定机构部级鉴定能力认定实施细则》的通知

农办机〔2016〕24号

各省、自治区、直辖市及计划单列市农机（农业、农牧）局（厅、委、办），新疆生产建设兵团农业局，黑龙江省农垦总局，农业部农业机械试验鉴定总站：

根据《农业机械试验鉴定办法》（农业部令2015年第2号）和《农业机械推广鉴定实施办法》（农业部公告第2331号），我部制定了《农业机械试验鉴定机构部级鉴定能力认定实施细则》，现印发你们，请遵照执行。

农业部办公厅

2016年11月30日

第一章 总 则

第一条 为了规范农业机械试验鉴定机构部级鉴定能力认定工作，依据《农业机械试验鉴定办法》和《农业机械推广鉴定实施办法》有关规定，制定本细则。

第二条 本细则所称的部级鉴定能力，是指农业机械试验鉴定（以下简称“农机鉴定”）机构依据农业部农机鉴定大纲，开展部级推广鉴定、选型鉴定和专项鉴定，对农业机械做出技术评价，并向社会出具鉴定数据和结果的能力。

本细则所称的认定，是指农业部对农机鉴定机构是否具备部级鉴定能力所实施的评价和认可活动。

第三条 农机鉴定机构部级鉴定能力认定（以下简称能力认定）工作由农业部农业机械化管理司主管，相关工作委托农业部农机鉴定总站具体实施。

第四条 能力认定工作坚持公开、公平、公正、科学的原则，统筹规划、合理布局，接受行业和社会监督。

第五条 能力认定工作不向申请机构收取任何费用。

第二章 申请、受理

第六条 能力认定申请由农机鉴定机构自愿提出，应当符合下列条件：

（一）具有独立法人资格的不以营利为目的的公益性事业单位；

（二）省级以上农业机械化行政主管部门所属的农机鉴定机构；

（三）通过国家规定的相应的检验检测机构计量认证（资质认定）；

（四）具有相关产品的鉴定经历。

第七条 申请能力认定的农机鉴定机构应提交下列书面材料，并对其真实性负责。

（一）农机鉴定机构鉴定能力认定申请书（附件1）；

（二）事业单位法人证书复印件；

（三）计量认证（资质认定）证书及其附件复印件；

（四）农机鉴定项目所用仪器设备及其检定/校准情况一览表；

（五）农机鉴定工作人员一览表；

（六）申请项目相应全项鉴定报告复印件；

（七）现行有效的省级鉴定能力认定文件；

（八）其他相关能力证明文件。

以上材料汇编成册，一式3份。同时，提交质量手册和程序文件各一套。

第八条 农业部农业机械化管理司负责受理申请，组织对申请机构的条件和申请材料的完整性予以审查，并一次性告知申请机构需要补正的内容。对符合规定和能力规划布局的，下达能力认定现场考评任务，确定考评组，对申请机构进行现场考评。经审查确认不予受理的，向申请机构说明理由。

第九条 能力认定的有效期为5年。获得认定的机构需新增项目或认定有效期满需重新认定，应提出扩项或重新认定申请。重新认定申请应在认定有效期满前6个月提出。

第三章 考评内容和方法

第十条 考评组由不少于2人组成。考评组成员的专业构成应当与申请项目相适应。考评组组长应当熟悉推广鉴定工作和计量认证（资质认定）评审相关规定。

考评组应当独立开展考评活动，并对考评结论负责。

第十一条 考评组组长接受任务后应制定现场考评计划，并按计划组织实施。现场考评一般应当在 1~3 个工作日以内完成。

第十二条 现场考评的主要内容包括：资质核查、质量管理体系审查以及仪器设备、设施环境和人员条件考评。

考评项目分为关键项和非关键项，具体按《农业机械试验鉴定机构部级鉴定能力认定综合考评表》（附件 2）执行。

第十三条 考评组现场核查申请机构所提交计量认证（资质认证）文件是否与申请提供的材料一致。

第十四条 申请机构应当建立与鉴定工作相适应的质量管理体系，并能对农机鉴定的规范实施和工作质量进行有效控制。

第十五条 申请机构应当具备固定的工作场所，其工作环境应当保证鉴定数据和结果的准确；仪器设备和设施应满足相关农机产品鉴定大纲的要求，关键仪器设备和设施配备率、在用仪器设备检定/校准符合率和完好率均为 100%。

第十六条 申请机构应当具有与其从事的鉴定工作相适应的农机鉴定员和管理人员。从事农机鉴定工作的农机鉴定员应具备胜任本岗位工作的业务能力，需经农机鉴定专业培训、考核合格。具有相应农机鉴定工作经历的农机鉴定员比例不得低于该机构从事鉴定工作人员总数的 50%。

第十七条 申请机构应具有申请认定能力相关产品的鉴定报告、鉴定记录和鉴定档案。

第十八条 考评可通过调阅文件资料、核查记录、座谈提问、检查关键仪器设备和设施设备情况、现场试验等方式进行。

第十九条 现场考评中发现申请资料严重失实时，考评组应当终止审查。

第二十条 考评人员应当遵循客观、公正、保密的原则，科学严谨，廉洁自律，按照本细则规定，实施现场考评，填写考评记录。

第二十一条 现场考评结论分为“通过”“不通过”和“基本通过，需整改后确认”三种。考评项目全部“符合”，则现场考评结论为“通过”；关键项出现“不符合”，则现场考评结论为“不通过”；非关键项出现“不符合”，则现场考评结论为“基本通过，需整改后确认”。

第二十二条 现场考评为“基本通过，需整改确认”的，被考评机构对不符合项提出整改措施，并在1个月内将整改情况报考评组。

第二十三条 考评组根据现场考评结果，在现场考评结束后10个工作日内提交考评报告。对需整改的，考评组长在收到整改材料10个工作日内对整改情况进行确认，提交确认结果。考评报告内容包括申请机构基本信息、考评过程、推荐认定的能力范围、考评结论、整改确认结果等，并附考评记录和其他相关见证材料。

第二十四条 农业部农机鉴定总站对能力认定考评报告进行审查，并提出能力认定建议报农业部农业机械化管理司。

第二十五条 农业部公告批准农机鉴定机构鉴定能力的认定结果。公告内容包括：通过认定的机构名称、鉴定范围、机构地址、联系方式和有效期等。

第四章 监督管理

第二十六条 通过认定的农机鉴定机构应当于每年12月底前，向农业部农业机械化管理司报送年度农机鉴定工作总结。

第二十七条 通过认定的农机鉴定机构有下列情形之一的，由农业部取消相应的鉴定能力认定，并予公告：

（一）不按规定进行鉴定、伪造鉴定结果或者出具虚假证明的；

（二）认定条件发生重大变化，不符合本办法规定，在规定期限内整改未达到要求的；

（三）申请终止的；

（四）其他应当取消的情形。

被取消鉴定能力认定的农机鉴定机构，3年后方可申请重新认定。

第二十八条 农机鉴定机构名称、鉴定范围、机构地址联系方式等发生变化时，应于变更后一个月内向农业部农机鉴定总站提出变更申请，农业部农机鉴定总站对变更情况审核确认后，报农业部农业机械化管理司，农业部公告变更结果。

第二十九条 农机鉴定机构授权签字人发生变更的，应及时向农业部农机鉴定总站提交《授权签字人申请表》（附件3）。农业部农机鉴定总站应当依据授权签字人的审批条件，组织对变更的授权签字人进行考核确认。授权签字人的变更考核应自收到申请之日起2个月内完成。

第三十条 批准认定机构的计量认证（资质认定）证书失效，其被批准的能力认定同时终止。

第五章　附　则

第三十一条　本办法由农业部负责解释。

第三十二条　本办法自印发之日起施行，《农业机械试验鉴定机构部级鉴定能力认定实施细则（试行）》（农办机〔2006〕27号）同时废止。

附件：1. 农业机械试验鉴定机构鉴定能力认定申请书（略）

2. 农业机械试验鉴定机构部级鉴定能力认定综合考评表（略）

3. 授权签字人申请表（略）

通过农机推广鉴定的产品及证书使用情况监督检查工作规范

农业部办公厅关于印发《通过农机推广鉴定的产品及证书使用情况监督检查工作规范》的通知

农办机〔2013〕36号

各省、自治区、直辖市及计划单列市农机（农业、农牧）局（厅、委、办），新疆生产建设兵团农业局，黑龙江省农垦总局：

为规范获得农业机械推广鉴定证书的企业和产品的监督检查工作，根据《农业机械试验鉴定办法》（农业部令第54号）的有关规定，我部制定了《通过农机推广鉴定的产品及证书使用情况监督检查工作规范》，现印发你们，请遵照执行。

农业部办公厅

2013年8月30日

第一章 总 则

第一条 为规范对获得农业机械推广鉴定证书的企业和产品的监督检查工作，依据《农业机械试验鉴定办法》和《农业机械推广鉴定实施办法》，制定本规范。

第二条 本规范适用于对获得农业机械推广鉴定证书的企业和产品的监督检查。

第三条 农业部农业机械化管理司、省级农业机械化主管部门分别负责组织获得部级、省级农业机械推广鉴定证书有效期内的企业和产品的监督检查工作（以下分别简称为部级监督检查工作、省级监督检查工作），制定工作计划，监督实施过程，审核并公布监督检查结果。

第四条 农业部农业机械试验鉴定总站负责提出部级监督检查工作计划建议、协调检查相关事项、汇总并上报监督检查工作结果。

各省级农业机械试验鉴定机构负责提出本辖区省级监督检查工作计划建议、协调检查相关事项、汇总并上报监督检查工作结果。

第五条 部级监督检查工作由通过部级鉴定能力认定的农业机械试验鉴定机构承担。承担机构应按要求向农业部农业机械试验鉴定总站报送监督检查结果。

省级监督检查工作由各省级农业机械试验鉴定机构承担。

第六条 监督检查工作人员必须具有有效的推广鉴定审查员资质。承担任务的审查员对监督检查结果负责。

第二章 依据和内容

第七条 监督检查工作的依据主要包括《农业机械推广鉴定实施办法》《农业机械推广鉴定证书和标志管理办法》、农业机械推广鉴定通则（《生产条件审查》）和获证产品的鉴定、检验报告等。

第八条 监督检查内容包括：

（一）生产条件检查；

（二）企业名称、地址及产品一致性检查；

（三）证书和标志使用情况检查。

第九条 监督检查工作在农业机械推广鉴定证书有效期内至少实施一次。当存在以下情况时，根据需要增加检查频次：

（一）获证产品发生多起安全事故；

（二）获证产品出现较大质量问题或被集体投诉；

（三）获证企业违规使用农业机械推广鉴定证书和标志；

（四）获证产品或企业生产条件发生变化；

（五）其他需要检查的情形。

第三章　任务下达

第十条 农业机械试验鉴定机构应提前提出年度监督检查工作计划建议，报同级农业机械化主管部门。监督检查工作计划建议应包括被检查企业和产品范围、检查内容、承担单位和时限要求等。

第十一条 农业机械化主管部门根据《农业机械推广鉴定实施办法》等相关要求对计划建议进行审核，并下达监督检查工作任务。

第十二条 承担单位应根据监督检查任务制定工作方案，成立监督检查组，安排部署监督检查工作。

第十三条 监督检查组一般由 2—3 名审查员组成，负责具体监督检查工作，跟踪企业整改，编制监督检查报告。

第四章　监督检查

第十四条　监督检查组组长负责组织实施具体的监督检查工作，落实现场检查事宜。

第十五条　监督检查组组长负责制定现场检查计划，主持现场检查，监督检查工作开展前应向被检查企业说明监督检查的依据、检查内容、工作纪律等。

第十六条　参加现场监督检查人员必须签署审查员承诺书。承诺书应包括审查员工作原则、廉洁守纪及保密等内容。

第十七条　监督检查时间根据被检查企业特点和产品情况确定，一般不超过 2 个工作日。

第十八条　监督检查过程中发现不符合要求情况时，检查组应收集相关证据，填写不符合项通知单，必要时进行书面说明。提出整改要求，要求被监督检查企业现场确认，并督促企业整改。整改期限一般不超过 15 个工作日，监督检查组应跟踪并验证企业整改情况。

第十九条　监督检查结论分为“合格”、“不合格”和“整改确认后合格”三种。

检查内容全部符合要求，则监督检查结论为“合格”。

当检查内容出现以下严重不符合情况时，监督检查结论为“不合格”：

（一）生产条件存在严重缺陷，不能保证持续稳定生产获证型号的产品；

（二）获证产品规格或结构出现重大变化，与获证产品已不属于同一型号产品；

（三）被检查企业名称或生产地址变更而没有在规定期限内申请证书变更；

（四）被检查企业拒绝接受监督检查、拒绝进行整改、整改逾期未完成或整改后仍不符合要求；

（五）《农业机械推广鉴定实施办法》规定的其他应撤证情形。

当检查内容出现除前款规定以外的不符合情况，经整改确认符合要求的，监督检查结论为“整改确认后合格”。

第二十条　监督检查工作结束后，检查组应及时编制监督检查报告，于10个工作日内提交给承担单位。

第二十一条　农业部农业机械化管理司及各地农机化主管部门可根据工作需要，组织对承担单位的工作进行指导、监督和检查。

第五章　结果处理和应用

第二十二条　各承担单位应在计划完成期限内，及时收集本单位各监督检查组完成的检查结果、存在问题及意见建议，形成检查报告，汇总报至农业机械化主管部门，监督检查的所有资料复制后随文上报。部级监督检查报告由农业部农业机械试验鉴定总站收集汇总，行文上报农业部农业机械化管理司。

第二十三条　农业机械化主管部门对上报的监督检查结果和处理意见进行审查，并公布监督检查结果。

第二十四条　监督检查结论为“合格”或“整改确认后合格”的，继续维持被检查企业和产品所获得的推广鉴定证书有效性；监督检查结论为“不合格”的，则撤销被检查企业和产品所获得的农业机械推广鉴定证书。

第二十五条 各农业机械试验鉴定机构负责于每年底前完成所承担监督检查工作的资料整理及归档工作。

第六章 附 则

第二十六条 推广鉴定有效期内的监督检查工作不收取被检查企业任何费用。

第二十七条 本规范自发布之日起实施。

农业机械购置补贴专项资金使用管理暂行办法

财政部　农业部关于印发
《农业机械购置补贴专项资金使用管理办法》的通知
财农〔2005〕11号

各省、自治区、直辖市、计划单列市财政厅（局）、农机管理局（办公室、中心），新疆生产建设兵团财务局、农机局：

农业机械购置补贴资金是中央财政为鼓励和支持农民使用先进适用的农业机械，推进农业机械化进程，提高农业综合生产能力，促进农业增产增效、农民节本增收而设立的专项资金。为加强资金的管理和监督，提高资金使用效益，根据财政农业专项资金管理的有关规定，特制定《农业机械购置补贴专项资金使用管理暂行办法》，现印发给你们，请遵照执行。

中华人民共和国财政部
中华人民共和国农业部
二〇〇五年二月二十五日

第一章　总　则

第一条　为鼓励和支持农民使用先进适用的农业机械，加快推进农业机械化进程，提高农业综合生产能力，促进农业增产增效、农民节本增收，中央财政设立农业机械购置补贴专项资金（以下简称“补贴资金”）。为加强补贴资金管理，提高资金使用效益，根据财政农业专项资金管理有关办法，制定本暂行办法。

第二条　农机补贴专项由财政部和农业部共同组织实施，指导地方各级财政部门和农机管理部门组织落实。各级农机和财政部门应根据职责分工，加强协调，密切配合。

财政部门的主要职责是落实补贴资金预算，及时拨付补贴资金，对资金的分配使用进行监督检查等。

农机管理部门的主要职责是具体负责补贴专项的组织实施和管理，包括编制实施方案、制定补贴机具目录和组织开展购机申请、审核、登记、公示等。

第三条　补贴资金的使用应遵循公开、公正、农民直接受益的原则。

公开，指补贴政策、办法公开，补贴资金操作过程透明。通过公示、公布等多种形式使农民充分了解补贴政策等信息。

公正，指资金分配、补贴机具目录、补贴对象确定等全过程公正。按照事先公布的优先补贴条件，公正确定享受补贴的农民名单，并在县或乡镇范围内公示，接受监督。

农民直接受益，指保证补贴资金全部补贴到农民，做到资金到位，机具到位，服务到位，使补贴的农业机械切实在农业生产中发挥作用，确保农民受益。

第二章　补贴的对象、标准和种类

第四条　补贴对象是符合补贴条件的农民（农场职工）和直接从事农业生产的农机服务组织。

第五条　中央财政资金的补贴标准：按不超过机具价格的30%进行补贴。

第六条　补贴的农业机械应符合国家农业产业政策、农业可持续发展和环境保护的要求，且经农机鉴定机构检测合格。重点补贴：

（一）大中型拖拉机等农用动力机械；

（二）农田作业机具，主要包括：耕整、种植、植保、收获和秸秆还田等机具；

（三）粮食及农副产品的产后处理机械；

（四）秸秆、饲草加工处理及养殖机械。

第三章　补贴资金的申报与下达

第七条　根据中央财政年度预算安排、国家农业和农业机械化发展规划、阶段性工作重点及各地的需求状况，农业部、财政部制定并下达年度《农业机械购置补贴专项实施方案》，确定国家年度补贴机具种类、实施范围、补贴资金额度、工作进度及要求等。

第八条 各省、自治区、直辖市、计划单列市和新疆生产建设兵团（以下简称省、区、市）根据《农业机械购置补贴专项实施方案》，组织编制本辖区的年度《农业机械购置补贴资金使用方案》，确定实施县名单、资金配置、补贴机具种类、工作进度安排等，由省级财政部门、农机主管部门联合上报财政部、农业部。

第九条 农业部、财政部对《农业机械购置补贴资金使用方案》进行审核和批复。财政部将中央财政补贴资金直接拨付到省级财政部门。各省、区、市按照农业部、财政部的批复要求和本办法规定组织实施。

经批复下达的《农业机械购置补贴资金使用方案》原则上不得变更。

第四章 补贴资金的发放程序

第十条 年度补贴机具须根据《农业机械购置补贴专项实施方案》，采取竞争择优筛选的方式确定，形成年度补贴机具目录。各省、区、市年度补贴机具目录需报农业部备案。

第十一条 各省、区、市的年度补贴专项实施范围、补贴机具目录、申请程序和相关要求等，应通过媒体及乡村公告等形式，及时向农民公布。

第十二条 实施区内的农民购买补贴机具时，须通过乡镇农机管理机构向县级农机主管部门提出申请，并填写购机申请表（格式见附1）。

县级农机主管部门根据《农业机械购置补贴资金使用方

案》和优先补贴条件进行审查，确定购机者名单和数量，经张榜公示后，与购机者签订购机补贴协议（格式见附2），并报省级农机主管部门和同级财政部门备案（汇总表格式见附3）。

第十三条 省级农机主管部门根据汇总结果，统一与供货方协商确定供货事宜，并报省级财政部门备案。

第十四条 购机者购机时应向供货方提交购机补贴协议，并按扣除补贴金额后的机具差价款交款提货，供货方出具购机发票。县级农机主管部门应根据购机者的需求，提供相应的组织协调服务工作。

县级农机主管部门应对本辖区购机情况进行核实，并将核实结果报省级农机主管部门。

第十五条 供货方凭补贴协议和发票存根定期向省级农机主管部门提出结算申请。

省级农机主管部门核实无误后，出具结算确认清单，并向省级财政部门提出结算申请。省级财政部门在接到申请后10个工作日内，予以审核并与供货方结算补贴资金。

第五章 管理与监督

第十六条 地方各级财政部门要积极支持和参与补贴资金落实和监督工作，增加资金投入，并保证必要的组织管理经费。

第十七条 补贴资金必须专款专用，不得挤占、截留、挪用。各级农机主管部门应建立和落实工作责任制，加强对资金使用情况的管理和检查，自觉接受财政、审计部门的监督。

第十八条 县级农机主管部门应对已购补贴机具及时进行

登记、编号，建立购机补贴档案，并负责在机具显著位置做出国家补贴机具和编号的统一标记。档案内容包括：购机者姓名、身份证号码、地址、联系方式、机具型号、购置数量、补贴金额及机具编号等。

省级以上农机主管部门应分别建立购机补贴档案库，实行计算机管理。

第十九条 各级农机主管部门和财政部门应对购机补贴情况进行跟踪检查，督促供货方搞好售后服务，为购机者提供技术、信息等服务，切实让农民得到实惠。

第二十条 享受补贴购买的农机具，原则上二年内不得转卖或转让。

第二十一条 省级农机主管部门会同财政部门在当年 11 月底前将补贴资金使用情况及购机补贴电子档案资料报农业部和财政部。

第六章 附 则

第二十二条 各省、区、市可根据本暂行办法，制定农业机械购置补贴的实施细则；中央直属垦区根据本办法的原则精神，本着公开、公正、直补的原则，制定农机购置补贴的实施办法，并报财政部和农业部备案。

第二十三条 本办法由财政部、农业部负责解释。

第二十四条 本办法自发布之日起施行。原《农业机械购置补贴专项资金使用管理办法（试行）》（农财发〔2004〕6 号）同时废止。

附　录

农业部关于进一步加强农机购置补贴政策实施监督管理工作的意见

农机发〔2013〕2号

各省、自治区、直辖市及计划单列市农机（农业、农牧）局（厅、委、办），新疆生产建设兵团农业局，黑龙江省农垦总局、广东省农垦总局：

农机购置补贴是党的强农惠农富农政策的重要内容。政策实施10年来，各级农机化主管部门与财政部门密切配合，一手抓政策实施，一手抓监督管理，采取了层层签订责任书、加强廉政风险防控机制建设、大力推进信息公开、开展延伸绩效管理等行之有效的措施，确保政策效果的发挥，取得了利农利工、利国利民、一举多得的好效果，为实现粮食生产“九连增”、农民增收“九连快”做出了重要贡献。总体上看，落实农机购置补贴政策的制度不断完善，操作基本规范，成效十分显著。但在具体实施中，少数地方也出现了一些违法违规问题，有的地方落实规定要求不全面、监管不到位，个别地方工作人员法纪意识淡漠、违规向企业收取费用，有的企业骗取套取补贴资金，有的产品质量不稳定、售后服务不到位。尤其是在农财两部反复强调纪律要求的情况下，少数地方、个别工作人员仍然置若罔闻、有禁不止，甚至违法违纪。如任其蔓延，必将严重影响农机购置补贴政策实施效果，影响农机化主管部门形象，进而影响农机化发展大局。为进一步加强农机购置补贴实施监督管理工作，确保补贴政策科学高效规范廉洁实施，现提出以下意见。

一、深刻认识重大意义

农机购置补贴是中央一项重要的强农惠农富农政策，也是促进农机化发展、建设现代农业的有效调控手段。农机购置补贴政策的实施，有利于提高我国农业机械装备水平和应用水平，振兴农机工业，事关我国农业机械化和农机工业又好又快发展；有利于推动农业技术集成、节本增效和规模经营，提高农业综合生产能力，事关国家粮食安全和主要农产品有效供给；有利于改善农业生产和农村生活条件，加快农业现代化进程，事关“四化同步”推进大局。农机购置补贴作为一项选择性政策，组织实施具有特殊性、复杂性和艰巨性，特别是随着补贴资金规模的大幅增加，政策实施涉及面越来越广，监管难度不断加大。进一步加强农机购置补贴政策实施监管工作，对于规范管理、阳光操作、廉洁实施，确保资金安全和干部安全都具有十分重要的意义。

落实好农机购置补贴政策是各级农机化主管部门的重要职责，也是一项政治责任。各级农机化主管部门既要有勇气推进，又要有智慧把握。要认真贯彻落实党中央国务院的决策部署，从政治和全局高度深刻认识实施好农机购置补贴政策的极端重要性和重大意义，牢固树立责任意识和大局意识，切实增强使命感和责任感。要以对党和人民高度负责的精神，持之以恒抓监管，坚定不移抓落实，切实把农机购置补贴这项强农惠农富农政策全面落实到位。

二、全面履行监管职责

各级农机化主管部门要对农机购置补贴实施实行常态化监管，以监管促规范、以监管促落实、以监管促廉政，确保党的强农惠农富农政策落到实处、补贴实惠兑现到农民。省级农机化主管部门要做好农机购置补贴实施监管的组织协调和业务指导，制定监管督查方案并组织实施，扎实推进市县级延伸绩效管理工作，重中之重是督促基层全面落实农财两部的各项规定；要组织开展补贴产品市场销售情况调查摸底，按规定科学合理地确定和调整补贴额；加强对补贴产品经营行为的监管，按规定查处违规产销企业；依法加强补贴机具的质量监督，了解补贴机具的质量状况和农民的反映；建立健全投诉举报制度，组织调查处理农民投诉，不定期组织明查暗访，认真处理发现的问题，并及时上报。农机购置补贴重大违规违纪案件被公安、检察、审计、纪检监察及财政监督机构等查处的，须在得知案件调查情况后5个工作日内上报农业部，不得漏报、瞒报、迟报。农机鉴定机构要规范鉴定行为，严把鉴定质量关。

地市级农机化主管部门要加强县级农机购置补贴实施方案审核、补贴工作监督检查、补贴机具抽查核实等工作，并督促县级抓好监管工作落实。县级农机化主管部门要在县级农机购置补贴工作领导小组的领导下，制定监督检查方案，结合实际采取措施，将监督检查各项要求落实到位；要加强农民实际购机情况核查公示，防止套补骗补；对补贴额较高和供需矛盾突出的重点机具要组织逐台核实，做到“见人、见机、见票”和“人机合影、签字确认”，并建立“谁核查、谁签字、谁负责”的责任追究制；要及时整理、妥善保管农机购置补贴档案资料，为案件调查和有关部门检查提供必要的资料；要认真调查处理群众投诉；要按规定加强县域内农机经销企业的日常监督，发现企业违法违规行为要及时上报。

三、严格执行各项规定

经过多年的创新完善，我国已建立了一整套农机购置补贴管理制度，主要包括：一是农财两部《农业机械购置补贴专项资金使用管理暂行办法》、年度实施指导意见和廉政风险防控、监督检查、信息公开、补贴产品经营行为管理等实施办法；二是以“补贴产品推广目录制、补贴经销商生产企业自主选择制、管理过程监督制、受益对象公示制、实施成效考核制”为主要内容的原则规定；三是以“三个严禁、四个禁止、八个不得”为主要内容的纪律要求。农机购置补贴管理制度基本涵盖了补贴实施的全过程，涉及各实施主体，规范各操作环节，约束各方行为，是指导政策实施的主要依据。

各级农机化主管部门要严格执行制度规定不走样，切实把农财两部的各项规定和纪律要求真正落到实处。要进一步增强学习和遵守管理制度的主动性，自觉树立和维护管理制度的权威性，做到按办法办事，按规定操作，按纪律执行，绝不允许违背程序、违反纪律，绝不允许随意而为、擅自变通，绝不允许有令不行、有禁不止，绝不允许搞“上有政策、下有对策”，坚决杜绝以本地区情况特殊为名，在贯彻执行党中央国务院决策部署和农财两部管理制度上打折扣、做选择、搞变通。

四、大力推进信息公开

推进信息公开是坚持依法行政、强化为民服务、接受社会监督、确保阳光操作的重要举措。各地要进一步加大农机购置补贴信息公开力度，坚持全面全程深入公开，自觉接受农民、企业及社会各界监督，形成全社会共同关注、关心和支持补贴政策实施的良好局面。要及时主动通过广播、电视、报纸、网络、宣传册、明白纸、挂图等形式，将农机购置补贴政策信息公开到村，宣传到户到人。

要在巩固已有公开渠道的基础上拓展创新，重点推进部、省、市、县四级农机购置补贴信息公开专栏建设，科学设置补贴专栏的子栏目，做到内容完整、标题规范、查找方便，确保2013年年底前各级补贴专栏全部建设完成。要充分发挥补贴专栏的权威平台作用，省、县级农机化主管部门要在同级补贴专栏公开补贴实施方案、补贴额一览表、支持推广目录、补贴经销商名单、操作程序、投诉举报电话、资金规模等内容，至少每半月公布一次各县（市、区）补贴资金使用进度。在年度补贴工作结束后，督促县级农机化主管部门以公告的形式将享受补贴的农户信息和县级农机购置补贴政策落实情况报告在县级人民政府网站和补贴专栏上公布，并确保5年内能够随时查阅。

五、严惩违法违规行为

各级农机化主管部门要会同有关部门重拳打击各类农机购置补贴违法违规行为，做到严厉查处，决不姑息。省级农机化主管部门要加强对各地补贴实施情况的督导检查，对问题较大的县市要在全省农机、财政系统进行通报，并抄送相关纪检监察部门，建议对相关责任人按规定给予党纪政纪处分；情节严重涉嫌犯罪的，积极配合司法机关处理。县级农机化主管部门要配合有关部门依法依规严厉打击有组织有预谋倒卖补贴机具、骗取补贴资金的行为。要落实重大案件政府行政问责制度，所辖行政区域内发生严重违法违规案件的，建议当地政府追究有关人员责任。要针对农机购置补贴政策实施过程中暴露出的问题和案件，逐项工作、逐个环节、逐个岗位地查找本地区本部门容易产生腐败行为的风险点，着力构建制约有效、实施便捷的农机购置补贴廉政风险防控机制。

要按照农业部及省级农机化主管部门关于补贴产品生产及经销企业监督管理有关规定，对参与违法违规操作的经销商，及时列入黑名单并予公布，被列入黑名单的经销商及其法定代表人永久不得参与补贴产品经销活动。对参与违法违规操作的生产企业要及时取消其产品的补贴资格。产销企业非法侵占的补贴资金应足额退回财政部门。对存在重大质量问题、农民投诉集中的机具及其生产企业，应按管理权限和程序取消其补贴资格。对违规违纪性质恶劣的生产或经销企业，建议工商部门吊销其营业执照；情节严重涉嫌犯罪的，积极配合司法机关处理。

六、切实加强组织领导

实施农机购置补贴政策事关全局。各级农机化主管部门要把落实好农机购置补贴政策作为一项头等重要的任务，切实加强组织领导，周密部署安排。要与财政、纪检监察部门密切配合，充分发挥各自优势，共同监管，形成合力。要落实工作责任制，层层签订责任书，明确职责任务和要求。各单位行政一把手是落实农机购置补贴政策的第一责任人，要负总责；分管领导负直接领导责任；具体承办处室也要明确分工，落实责任到人。要在补贴申请、审核与审批、公示与核实、监管与督查、档案管理等方面，建立“谁办理、谁负责，谁核实、谁负责”的责任追究制度。

要进一步发挥地市级农机化主管部门的作用，建立健全县级农机购置补贴工作机制，强化县级农机化主管部门内部约束机制，必须邀请纪检监察部门全程参与监管。要科学制定中长期规划，充分发挥补贴政策的调控引导作用和产业促进作用。大力推进重点机具敞开补贴。积极稳妥开展“全价购机、县级结算、直补到卡”等操作试点，具备条件的省份要在全省域范围内实行。要深入开展农机购置补贴政策落实延伸绩效管理，制定绩效管理考核办法，建立以结果为导向的监测与评价体系，并将考核结果与补贴资金分配适当挂钩。

各级农机化主管部门要坚决贯彻党中央国务院的决策部署和农财两部的各项规定，以更加严肃的态度、更加严明的纪律、更加严厉的要求，以“为民、务实、清廉”的良好作风，进一步加强农机购置补贴实施监督管理，确保补贴政策科学高效规范廉洁实施，继续推动我国农业机械化科学发展。

农业部

2013年7月12日

农业部办公厅关于深入推进农机购置补贴政策信息公开工作的通知

农办机〔2011〕33号

各省、自治区、直辖市及计划单列市农机管理局（办公室），新疆生产建设兵团农机局，黑龙江省农垦总局农机局，广东省农垦总局：

农机购置补贴政策是中央强农惠农政策的重要内容。多年来，各级农机化主管部门在加强农机购置补贴政策宣传、推进有关工作信息公开方面做了大量工作，取得了良好成效。但是，各地补贴政策信息公开工作进展不均衡，政策信息公开内容与各方面的要求仍存在一定差距，公开的形式和程序不够规范，公开的时效性不强，公开工作机制不够健全。为深入推进农机购置补贴政策信息公开工作，现将有关事项通知如下：

一、进一步提高思想认识

推进农机购置补贴政策及有关工作信息公开，是落实《中华人民共和国政府信息公开条例》（国务院令第492号，以下简称《条例》）、促进依法行政、推进行政权力公开透明运行、建设服务型政府的重要举措，是宣传党的强农惠农政策的重要形式，也是构建农机购置补贴实施监管长效机制的重要内容。各级农机化主管部门要充分认识深入推进农机购置补贴政策信息公开工作的重要意义，切实增强做好补贴政策信息公开工作的责任感和紧迫感，坚持以公开促公正、以公开促效率、以公开促廉政，努力开创农机购置补贴工作新局面。

二、不断充实公开内容

农机购置补贴政策信息量大面广，凡是符合《条例》规定，能够公开的事项，都应分类整理，及时主动公开。主要内容：一是农机购置补贴专项资金使用管理办法，农业部和财政部联合印发的农机购置补贴年度实施指导意见，国家和省级支持推广的农机产品目录；二是各地农机购置补贴实施方案（或补贴资金使用方案），年度农机购置补贴产品范围，农机补贴产品经销商名单、电话、地址、经销的补贴产品，农机购置补贴政策具体操作办法、操作流程等；三是各地各级农机化主管部门农机购置补贴政策咨询电话、补贴工作受理电话、举报电话、补贴机具质量投诉电话和电子邮箱等；四是其他有关规范性文件、制度和办法等。

各地要加大对县级农机化主管部门实施农机购置补贴工作进度、过程等信息的公开力度，至少每半月公布一次各县补贴资金使用进度，及时公布补贴受益对象有关信息（包括补贴农户姓名、所在乡镇、补贴机具数量、具体型号及生产厂家、补贴额等），主动接受社会监督。

三、积极拓展公开渠道

要充分发挥政府网站主渠道作用。地方各级农机化主管部门管理的网站（以下简称各级农机化网站）是农机购置补贴政策信息公开的权威平台，凡是已开通政务网站的各级农机化主管部门，都应在网站上开辟农机购置补贴政策信息公开专栏，集中公开有关信息。要增强各级农机化网站的信息搜索和查询功能，完善网上咨询、网上办事、网上互动等服务功能，努力提高便民服务水平。

要不断丰富补贴政策信息公开形式。在重要的农时季节和农机购置补贴政策实施的关键时期，可采取召开新闻发布会、接受媒体访谈、与当地有影响力的报刊合作策划专版（专刊）等形式，充分发挥手机短信、手机报刊、广播电视等媒体传播速度快、受众范围广的优势，及时向社会公布农机购置补贴政策及有关信息。

在农民群众缺乏上网条件的地区，要把补贴受理工作流程及有关要求、补贴资金使用进度、补贴受益对象等信息，通过当地电视台、政务大厅电子信息屏、村委会大喇叭广播、乡镇公告栏、流动宣传车、简易明白纸、宣传挂图等进行公开。要不断增强农机购置补贴政策信息公开工作的时效性，原则上应在文件签发后五个工作日之内公开相关信息。

四、切实加强组织领导

（一）明确各级农机化主管部门职责。农业部农业机械化管理司负责指导和协调全国农机购置补贴政策信息公开工作，并以农业部门户网站为主要平台发布涉及全国的重要政策和信息，同时充分发挥中国农业机械化信息网的作用。各省级农机化主管部门负责本行政区域的农机购置补贴政策信息公开工作，要在主动公开本部门工作信息的同时，切实加强对辖区内各市、县农机购置补贴政策信息公开的业务指导和工作协调。凡是当地设有政务服务大厅的，原则上都应在政务大厅内开展农机购置补贴申请、受理、审批等环节的工作，并在政务大厅内公示农机购置补贴政策、工作流程及受益对象有关信息。各级农机化主管部门要按照要求，认真做好有关信息报送工作。

（二）建立和完善农机购置补贴政策信息公开长效机制。各级农机化主管部门要把农机购置补贴政策信息公开纳入年度工作计划，与农机购置补贴实施和农业机械化其他工作统筹考虑、统一部署、协调推进，逐步建立和完善补贴政策信息公开的长效机制。各地要明确承办机构和责任人，主要领导同志要亲自抓督促、抓协调、抓落实。要把补贴政策信息公开与各项业务工作结合起来，在人员配备、经费安排等方面予以充分保障，做到补贴政策信息公开工作有专门机构负责，有专业人员管理，有专项经费支持。要抓紧制定完善辖区内农机购置补贴政策信息公开工作方案，进一步明确工作目标，细化工作任务，规范公开程序，创新公开形式。要加强教育培训，组织干部职工重点学习《条例》、《国务院办公厅关于施行〈中华人民共和国政府信息公开条例〉若干问题的意见》（国办发〔2008〕36号）、《农业部办公厅关于进一步加强农业系统政务公开工作的指导意见》（农办办〔2009〕84号）以及同级人民政府信息公开工作主管部门发布的有关文件等，提高工作人员思想认识和工作能力。

（三）加强农机购置补贴政策信息公开工作考核。在现有工作的基础上，进一步完善考核评价办法，建立健全社会评议制度。把农机购置补贴政策信息公开工作纳入社会评议政风、行风的范围，并根据评议结果完善制度、改进工作。各省级农机化主管部门要加强对辖区内各市、县贯彻落实本通知精神情况的监督检查。要将农机购置补贴政策信息公开情况作为考评各地农机购置补贴政策落实情况的重要内容，督促和指导各地及时、认真地落实各项工作措施，确保取得实效。

各省级农机化主管部门要于6月10日前，将本省（区、市、兵团、农垦）农机购置补贴实施方案（或补贴资金使用方案）、年度农机购置补贴产品范围、省级农机化主管部门农机购置补贴政策咨询电话、补贴工作受理电话、举报电话、补贴机具质量投诉电话及电子邮箱等信息，发送到中国农业机械化信息网集中公开（联系人：王松，电话：010-59199103，电子邮箱：njbtgk@ agri. gov. cn）；要于6月25日前，将辖区内各市、县级农机化主管部门农机购置补贴政策咨询电话、补贴工作受理电话、举报电话、补贴机具质量投诉电话及电子邮箱、辖区内各县补贴资金使用进度、补贴受益对象有关信息等在省级农机化网站集中公开；要于7月10日前将本省（区、市、兵团、农垦）贯彻落实本通知精神的有关情况，书面报送农业部农业机械化管理司。

二〇一一年五月二十七日

农业部关于落实补贴资金推进农机深松整地作业的通知

农机发〔2010〕9号

各省、自治区、直辖市农机管理局（办），黑龙江农垦总局、新疆生产建设兵团农机局：

近日，财政部印发了《关于拨付2010年农资综合补贴集中使用资金的通知》（财建〔2010〕949号），决定今年中央财政预留的部分农资综合补贴资金继续集中用于粮食基础能力建设，优先支持东北、黄淮海及其他有条件的地区开展深松整地作业。为落实补贴资金，推进农机深松整地作业，现将有关要求通知如下：

一、深刻认识农机深松整地作业的重要意义

农机深松整地可打破犁底层，疏松土壤，增强耕地蓄水保墒和抗旱排涝能力，是保障粮食安全和农产品有效供给的重要手段。党中央、国务院高度重视农机深松整地作业。2010年中央一号文件强调要“大力推广机械深松整地”，国务院在《关于促进农业机械化和农机工业又好又快发展的意见》中明确要求“在适宜地区实施深松整地等农机作业补贴试点”，去年10月12日国务院常务会议研究决定“实施农机深松作业补贴”，财政部明确将农机深松整地纳入新增农资综合补贴资金重点支持范围。各级农机化主管部门要深刻认识农机深松整地作业的重要意义，把思想和行动统一到党中央、国务院的决策部署上来，切实增强工作责任感和紧迫感，抓住机遇，加快推进农机深松整地作业。

二、认真制定农机深松整地作业的实施方案

各地农机化主管部门要加强农机农艺融合，根据土壤类型、地表状况、作物种类、种植模式、深松机具保有量和农民意愿等因素，结合《2011 年全国农机深松整地作业任务表》，认真制定 2011 年农机深松整地作业实施方案。要明确补贴标准、补贴对象、补贴程序，建立健全各项规章制度，确保补贴资金科学、高效、安全使用。可春季开展深松整地的省份，要及早谋划，抢农时，扎实做好农机深松整地工作。

三、抓紧落实农机深松整地作业的补贴资金

对农机深松整地作业进行补贴，是中央强农惠农政策的重要内容。为确保深松整地作业补贴政策有效落实，今年财政部在下达新增农资综合补贴资金时，明确要求东北、黄淮海及其他有条件的地区要优先支持深松整地作业。各省（自治区、直辖市）农机化主管部门要准确把握政策要点，抓住机遇，迅速行动，主动向省政府汇报、与财政厅协调，尽快落实农机深松整地作业补贴资金，并争取配套的工作经费。黑龙江、吉林、辽宁、山西、河北、内蒙古、天津等已经开展农机深松整地作业补贴的省份，要力争进一步增加补贴资金，满足广大农民的迫切需要；江苏、安徽、山东、河南、广西、陕西、甘肃、新疆等适宜地区，要抓紧制定工作方案，协调落实补贴资金，尽快启动和加快深松整地作业技术推广。

四、切实加强农机深松整地工作的组织领导

各地农机化主管部门要将农机深松整地工作摆上重要议事

日程，周密部署，精心组织实施。加大购机补贴政策支持力度，优先扶持发展大型拖拉机和深松机。发挥农机服务组织的作用，推行连片作业，整村整乡推进。加强试验示范，不断改进完善技术模式和作业规范。加强农机手的技术培训，切实提高农机深松整地作业质量。进一步加强宣传引导，提高广大农民开展农机深松整地作业技术的积极性，营造良好的舆论氛围。

农业部

二〇一〇年十二月十日

农业部办公厅关于坚决禁止农机购置补贴收费行为的紧急通知

农办机〔2010〕3号

各省、自治区、直辖市及计划单列市农机管理局（办公室），新疆生产建设兵团农机局，黑龙江省农垦总局、广东省农垦总局农机局：

农机购置补贴是党中央、国务院强农惠农政策的重要内容，是加快推进农业机械化、拉动农机工业发展、扩大国内需求、促进经济平稳较快发展的重大举措。全面落实农机购置补贴政策是当前和今后一个时期各级农机化主管部门的重要职责。为更好地服务农民，方便企业，使补贴政策效应最大化，现就农机购置补贴实施过程中收费问题紧急通知如下：

一、严禁向农民收费

实施农机购置补贴政策的根本目的是惠及农民，提高农业综合生产能力，促进农业现代化。各地在执行政策过程中务必保持高度的责任感和强烈的使命感，进一步增强服务三农、服务群众意识，积极主动做好组织、协调、服务、监督等各项工作。做到自觉行动、主动服务，严禁以农机购置补贴名义向农民收取任何费用，切实让农民得到全部实惠。

二、严禁向农机生产企业收费

广大农机生产企业是农机购置补贴政策的重要参与者。促进农机工业技术升级和结构调整是政策的主要目标之一。各地要树立服务企业、方便企业的意识，组织广大农机企业积极参与补贴政策实施，严禁向企业搭车收取费用。为减轻企业负担，在补贴机具选型中严禁向企业收取参选费等各种形式费用（包括委托中介机构开展选型收取的保证金、选型文件费用、代理费等）。各级农机部门不得借实施农机购置补贴之机向企业收取好处费、推广费、服务费等非国家规定的费用。各地要尽量压缩各类展示、展览、展销活动，不得以购机补贴的名义强迫企业参加此类活动。已向企业收取的费用要全部返还。

三、严禁向补贴产品经销企业收费

各地要严格执行补贴产品经销商由生产企业自主推荐的制度，增加经销网点数量，由农民自主选择经销商和补贴产品，促进公平竞争。省级农机化主管部门应加强对补贴产品经销环节的监督管理，创造公平诚信、竞争有序的市场环境。不得以任何借口向经销商收费，坚决杜绝各类商业贿赂行为。

四、严禁以工作经费不足为由向企业及农民收费

财政部、农业部联合印发的《农业机械购置补贴专项资金管理暂行办法》规定："地方各级财政部门要积极支持和参与补贴资金落实和监督工作，增加资金投入，并保证必要的组织管理经费"。各级农机化主管部门可据此向同级财政部门申请安排必要的工作经费，主要用于政策宣传、信息档案建立等管理支出。严禁挤占挪用中央财政补贴资金用于工作经费。不得为弥补工作经费不足而向企业及农民收费。

省级农机化主管部门要加强对所属农机事业单位及市县农机化主管部门的监督管理，严禁乱收费，一旦发现违规收费问题，要严厉查处，追究相关人员责任，决不姑息。情节严重构成犯罪的，要及时移送司法机关处理。

二〇一〇年一月十五日

>>>>>>>>>>>>>>>>>>>>>>>>>>>>>>>>>>>>

农业机械法律法规学习读本

农业机械生产经营法律法规

■曾　朝　主编

加大全民普法力度，建设社会主义法治文化，树立宪法法律至上、法律面前人人平等的法治理念。

——中国共产党第十九次全国代表大会《决胜全面建成小康社会　夺取新时代中国特色社会主义伟大胜利》

汕頭大學出版社

图书在版编目（CIP）数据

农业机械生产经营法律法规 / 曾朝主编. -- 汕头 :
汕头大学出版社（2021 .7 重印）
（农业机械法律法规学习读本）
ISBN 978-7-5658-3522-3

Ⅰ. ①农… Ⅱ. ①曾… Ⅲ. ①农业机械-农业法-中国-学习参考资料 Ⅳ. ①D922. 44

中国版本图书馆 CIP 数据核字（2018）第 038051 号

农业机械生产经营法律法规　　NONGYE JIXIE SHENGCHAN JINGYING FALÜ FAGUI

主　　编：曾　朝
责任编辑：邹　峰
责任技编：黄东生
封面设计：大华文苑
出版发行：汕头大学出版社
　　　　　广东省汕头市大学路 243 号汕头大学校园内　邮政编码：515063
电　　话：0754-82904613
印　　刷：三河市南阳印刷有限公司
开　　本：690mm×960mm 1/16
印　　张：18
字　　数：226 千字
版　　次：2018 年 5 月第 1 版
印　　次：2021 年 7 月第 2 次印刷
定　　价：59. 60 元（全 2 册）
ISBN 978-7-5658-3522-3

前言

习近平总书记指出："推进全民守法，必须着力增强全民法治观念。要坚持把全民普法和守法作为依法治国的长期基础性工作，采取有力措施加强法制宣传教育。要坚持法治教育从娃娃抓起，把法治教育纳入国民教育体系和精神文明创建内容，由易到难、循序渐进不断增强青少年的规则意识。要健全公民和组织守法信用记录，完善守法诚信褒奖机制和违法失信行为惩戒机制，形成守法光荣、违法可耻的社会氛围，使遵法守法成为全体人民共同追求和自觉行动。"

中共中央、国务院曾经转发了中央宣传部、司法部关于在公民中开展法治宣传教育的规划，并发出通知，要求各地区各部门结合实际认真贯彻执行。通知指出，全民普法和守法是依法治国的长期基础性工作。深入开展法治宣传教育，是全面建成小康社会和新农村的重要保障。

普法规划指出：各地区各部门要根据实际需要，从不同群体的特点出发，因地制宜开展有特色的法治宣传教育坚持集中法治宣传教育与经常性法治宣传教育相结合，深化法律进机关、进乡村、进社区、进学校、进企业、进单位的"法律六进"主题活动，完善工作标准，建立长效机制。

特别是农业、农村和农民问题，始终是关系党和人民事业发展的全局性和根本性问题。党中央、国务院发布的《关于推进社会主义新农村建设的若干意见》中明确提出要"加强农村法制建设，深入开展农村普法教育，增强农民的法制观念，提高农民依法行使权利和履行义务的自觉性。"多年普法实践证明，普及法律知识，提高法制观念，增强全社会依法办事意识具有重要作用。特别是在广大农村进行普法教育，是提高全民法律素质的需要。

多年来，我国在农村实行的改革开放取得了极大成功，农村发生了翻天覆地的变化，广大农民生活水平大大得到了提高。但是，由于历史和社会等原因，现阶段我国一些地区农民文化素质还不高，不学法、不懂法、不守法现象虽然较原来有所改变，但仍有相当一部分群众的法制观念仍很淡化，不懂、不愿借助法律来保护自身权益，这就极易受到不法的侵害，或极易进行违法犯罪活动，严重阻碍了全面建成小康社会和新农村步伐。

为此，根据党和政府的指示精神以及普法规划，特别是根据广大农村农民的现状，在有关部门和专家的指导下，特别编辑了这套《全国普法学习读本》。主要包括了广大人民群众应知应懂、实际实用的法律法规。为了辅导学习，附录还收入了相应法律法规的条例准则、实施细则、解读解答、案例分析等；同时为了突出法律法规的实际实用特点，兼顾地方性和特殊性，附录还收入了部分某些地方性法律法规以及非法律法规的政策文件、管理制度、应用表格等内容，拓展了本书的知识范围，使法律法规更“接地气”，便于读者学习掌握和实际应用。

在众多法律法规中，我们通过甄别，淘汰了废止的，精选了最新的、权威的和全面的。但有部分法律法规有些条款不适应当下情况了，却没有颁布新的，我们又不能擅自改动，只得保留原有条款，但附录却有相应的补充修改意见或通知等。众多法律法规根据不同内容和受众特点，经过归类组合，优化配套。整套普法读本非常全面系统，具有很强的学习性、实用性和指导性，非常适合用于广大农村和城乡普法学习教育与实践指导。总之，是全国全民普法的良好读本。

目　录

农业机械产品修理、更换、退货责任规定

农业机械安全监督管理条例

农业机械产品修理、更换、退货责任规定

国家质量监督检验检疫总局、国家工商行政管理总局
中华人民共和国农业部、工业和信息化部令
第126号

《农业机械产品修理、更换、退货责任规定》已经2009年9月28日国家质量监督检验检疫总局局务会议审议通过，并经国家工商行政管理总局、农业部、工业和信息化部审议通过，现予公布，自2010年6月1日起施行。1998年3月12日原国家经济贸易委员会、国家技术监督局、国家工商行政管理局、国内贸易部、机械工业部、农业部发布的《农业机械产品修理、更换、退货责任规定》（国经贸质〔1998〕123号）同时废止。

国家质量监督检验检疫总局局长
国家工商行政管理总局局长
农业部部长
工业和信息化部部长
二〇一〇年三月十三日

第一章 总 则

第一条 为维护农业机械产品用户的合法权益，提高农业机械产品质量和售后服务质量，明确农业机械产品生产者、销售者、修理者的修理、更换、退货（以下简称为三包）责任，依照《中华人民共和国产品质量法》、《中华人民共和国农业机械化促进法》等有关法律法规，制定本规定。

第二条 本规定所称农业机械产品（以下称农机产品），是指用于农业生产及其产品初加工等相关农事活动的机械、设备。

第三条 在中华人民共和国境内从事农机产品的生产、销售、修理活动的，应当遵守本规定。

第四条 农机产品实行谁销售谁负责三包的原则。

销售者承担三包责任，换货或退货后，属于生产者的责任的，可以依法向生产者追偿。

在三包有效期内，因修理者的过错造成他人损失的，依照有关法律和代理修理合同承担责任。

第五条 本规定是生产者、销售者、修理者向农机用户承担农机产品三包责任的基本要求。国家鼓励生产者、销售者、修理者做出更有利于维护农机用户合法权益的、严于本规定的三包责任承诺。

销售者与农机用户另有约定的，销售者的三包责任依照约定执行，但约定不得免除依照法律、法规以及本规定应当履行的义务。

第六条 国务院工业主管部门负责制定并组织实施农业机械工业产业政策和有关规划。国务院产品质量监督部门、工商行政管理部门、农业机械化主管部门在各自职责范围内按照本规定的要求，根据生产者的三包凭证样本、产品使用说明书以及农机用户投诉等，建立信息披露制度，对生产者、销售者和修理者的三包承诺、农机用户集中反映的农机产品质量问题和服务质量问题向社会进行公布，督促生产者、销售者、修理者改进产品质量和服务质量。

第二章 生产者的义务

第七条 生产者应当建立农机产品出厂记录制度，严格执行出厂检验制度，未经检验合格的农机产品，不得销售。

依法实施生产许可证管理或强制性产品认证管理的农机产品，应当获得生产许可证证书或认证证书并施加生产许可证标志或认证标志。

第八条 农机产品应当具有产品合格证、产品使用说明书、产品三包凭证等随机文件：

（一）产品使用说明书应当按照农业机械使用说明书编写规则的国家标准或行业标准规定的要求编写，并应列出该机中易损件的名称、规格、型号；产品所具有的使用性能、安全性能，未列入国家标准的，其适用范围、技术性能指标、工作条件、工作环境、安全操作要求、警示标志或说明应当在使用说明书中明确；

（二）有关工具、附件、备件等随附物品的清单；

（三）农机产品三包凭证应当包括以下内容：产品品牌、型号规格、生产日期、购买日期、产品编号，生产者的名称、联系地址和电话，已经指定销售者、修理者的，应当注明名称、联系地址、电话、三包项目、三包有效期、销售记录、修理记录和按照本规定第二十四条规定应当明示的内容等相关信息；销售记录应当包括销售者、销售地点、销售日期和购机发票号码等项目；修理记录应当包括送修时间、交货时间、送修故障、修理情况、换退货证明等项目。

第九条 生产者应当在销售区域范围内建立农机产品的维修网点，与修理者签订代理修理合同，依法约定农机产品三包责任等有关事项。

第十条 生产者应当保证农机产品停产后五年内继续提供零部件。

第十一条 生产者应当妥善处理农机用户的投诉、查询，提供服务，并在农忙季节及时处理各种农机产品三包问题。

第三章 销售者的义务

第十二条 销售者应当执行进货检查验收制度，严格审验生产者的经营资格，仔细验明农机产品合格证明、产品标识、产品使用说明书和三包凭证。对实施生产许可证管理、强制性产品认证管理的农机产品，应当验明生产许可证证书和生产许可证标志、认证证书和认证标志。

第十三条 销售者销售农机产品时，应当建立销售记录制度，并按照农机产品使用说明书告知以下内容：

(一) 农机产品的用途、适用范围、性能等；

（二）农机产品主机与机具间的正确配置；

（三）农机产品已行驶的里程或已工作时间及使用的状况。

第十四条 销售者交付农机产品时，应当符合下列要求：

（一）当面交验、试机；

（二）交付随附的工具、附件、备件；

（三）提供财政税务部门统一监制的购机发票、三包凭证、中文产品使用说明书及其它随附文件；

（四）明示农机产品三包有效期和三包方式；

（五）提供由生产者或销售者授权或委托的修理者的名称、联系地址和电话；

（六）在三包凭证上填写销售者有关信息；

（七）进行必要的操作、维护和安全注意事项的培训。

对于进口农机产品，还应当提供海关出具的货物进口证明和检验检疫机构出具的入境货物检验检疫证明。

第十五条 销售者可以同修理者签订代理修理合同，在合同中约定三包有效期内的修理责任以及在农忙季节及时排除各种农机产品故障的措施。

第十六条 销售者应当妥善处理农机产品质量问题的咨询、查询和投诉。

第四章 修理者的义务

第十七条 修理者应当与生产者或销售者订立代理修理合同，按照合同的约定，保证修理费用和维修零部件用于三包有效期内的修理。

代理修理合同应当约定生产者或销售者提供的维修技术资料、技术培训、维修零部件、维修费、运输费等。

第十八条 修理者应当承担三包期内的属于本规定范围内免费修理业务，按照合同接受生产者、销售者的监督检查。

第十九条 修理者应当严格执行零部件的进货检查验收制度，不得使用质量不合格的零部件，认真做好维修记录，记录修理前的故障和修理后的产品质量状况。

第二十条 修理者应当完整、真实、清晰地填写修理记录。修理记录内容应当包括送修时间、送修故障、检查结果、故障原因分析、维护和修理项目、材料费和工时费，以及运输费、农机用户签名等；有行驶里程的，应当注明。

第二十一条 修理者应当向农机用户当面交验修理后的农机产品及修理记录，试机运行正常后交付其使用，并保证在维修质量保证期内正常使用。

第二十二条 修理者应当保持常用维修零部件的合理储备，确保维修工作的正常进行，避免因缺少维修零部件而延误维修时间。农忙季节应当有及时排除农机产品故障的能力和措施。

第二十三条 修理者应当积极开展上门修理和电话咨询服务，妥善处理农机用户关于修理的查询和修理质量的投诉。

第五章 农机产品三包责任

第二十四条 农机产品的三包有效期自销售者开具购机发票之日起计算，三包有效期包括整机三包有效期，主要部件质量保证期，易损件和其它零部件的质量保证期。

内燃机、拖拉机、联合收割机、插秧机的整机三包有效期及其主要部件的质量保证期应当不少于有关规定的时间。内燃机单机作为商品出售给农机用户的，计为整机，其包含的主要零部件由生产者明示在三包凭证上。拖拉机、联合收割机、插秧机的主要部件由生产者明示在三包凭证上。

其他农机产品的整机三包有效期及其主要部件或系统的名称和质量保证期，由生产者明示在三包凭证上，且有效期不得少于一年。

内燃机作为农机产品配套动力的，其三包有效期和主要部件的质量保证期按农机产品的整机的三包有效期和主要部件质量保证期执行。

农机产品的易损件及其它零部件的质量保证期达不到整机三包有效期的，其所属的部件或系统的名称和合理的质量保证期由生产者明示在三包凭证上。

第二十五条　农机用户丢失三包凭证，但能证明其所购农机产品在三包有效期内的，可以向销售者申请补办三包凭证，并依照本规定继续享受有关权利。销售者应当在接到农机用户申请后 10 个工作日内予以补办。销售者、生产者、修理者不得拒绝承担三包责任。

由于销售者的原因，购机发票或三包凭证上的农机产品品牌、型号等与要求三包的农机产品不符的，销售者不得拒绝履行三包责任。

在三包有效期内发生所有权转移的，三包凭证和购机发票随之转移，农机用户凭原始三包凭证和购机发票继续享有三包权利。

第二十六条　三包有效期内，农机产品出现质量问题，农机用户凭三包凭证在指定的或者约定的修理者处进行免费修理，维修产生的工时费、材料费及合理的运输费等由三包责任人承担；符合本规定换货、退货条件，农机用户要求换货、退货的，凭三包凭证、修理记录、购机发票更换、退货；因质量问题给农机用户造成损失的，销售者应当依法负责赔偿相应的损失。

第二十七条 三包有效期内，农机产品存在本规定范围的质量问题的，修理者一般应当自送修之日起30个工作日内完成修理工作，并保证正常使用。

第二十八条 三包有效期内，送修的农机产品自送修之日起超过30个工作日未修好，农机用户可以选择继续修理或换货。要求换货的，销售者应当凭三包凭证、维护和修理记录、购机发票免费更换同型号同规格的产品。

第二十九条 三包有效期内，农机产品因出现同一严重质量问题，累计修理2次后仍出现同一质量问题无法正常使用的；或农机产品购机的第一个作业季开始30日内，除因易损件外，农机产品因同一一般质量问题累计修理2次后，又出现同一质量问题的，农机用户可以凭三包凭证、维护和修理记录、购机发票，选择更换相关的主要部件或系统，由销售者负责免费更换。

第三十条 三包有效期内或农机产品购机的第一个作业季开始30日内，农机产品因本规定第二十九条的规定更换主要部件或系统后，又出现相同质量问题，农机用户可以选择换货，由销售者负责免费更换；换货后仍然出现相同质量问题的，农机用户可以选择退货，由销售者负责免费退货。

第三十一条 三包有效期内，符合本规定更换主要部件的条件或换货条件的，销售者应当提供新的、合格的主要部件或整机产品，并更新三包凭证，更换后的主要部件的质量保证期或更换后的整机产品的三包有效期自更换之日起重新计算。

符合退货条件或因销售者无同型号同规格产品予以换货，农机用户要求退货的，销售者应当按照购机发票金额全价一次退清货款。

第三十二条 因生产者、销售者未明确告知农机产品的适用范围而导致农机产品不能正常作业的，农机用户在农机产品购机的第一个作业季开始30日内可以凭三包凭证和购机发票选择退货，由销售者负责按照购机发票金额全价退款。

第三十三条 整机三包有效期内，联合收割机、拖拉机、播种机、插秧机等产品在农忙作业季节出现质量问题的，在服务网点范围内，属于整机或主要部件的，修理者应当在接到报修后3日内予以排除；属于易损件或是其他零件的质量问题的，应当在接到报修后1日内予以排除。在服务网点范围外的，农忙季节出现的故障修理由销售者与农机用户协商。

国家鼓励农机产品生产者、销售者、修理者农忙时期开展现场的有关售后服务活动。

第三十四条 三包有效期内，销售者不履行三包义务的，或者农机产品需要进行质量检验或鉴定的，三包有效期自农机用户的请求之日起中止计算，三包有效期按照中止的天数延长；造成直接损失的，应当依法赔偿。

第六章 责任免除

第三十五条 农机用户应当按照有关规定和农机产品的使用说明书进行操作或使用。

第三十六条 赠送的农机产品，不得免除生产者、销售者和修理者依法应当承担的三包责任。

第三十七条 销售者、生产者、修理者能够证明发生下列情况之一的，不承担三包责任：

（一）农机用户无法证明该农机产品在三包有效期内的；

（二）产品超出三包有效期的。

第三十八条 销售者、生产者、修理者能够证明发生下列情况之一的，对于所涉及部分，不承担三包责任：

（一）因未按照使用说明书要求正确使用、维护，造成损坏的；

（二）使用说明书中明示不得改装、拆卸，而自行改装、拆卸改变机器性能或者造成损坏的；

（三）发生故障后，农机用户自行处置不当造成对故障原因无法做出技术鉴定的；

（四）因非产品质量原因发生其他人为损坏的；

（五）因不可抗力造成损坏的。

第七章 争议处理

第三十九条 产品质量监督部门、工商行政管理部门、农业机械化主管部门应当认真履行三包有关质量问题监管职责。

生产者未按照本规定第二十四条履行明示义务的，或通过明示内容有意规避责任的，由产品质量监督部门依法予以处理。

销售者未按照本规定履行三包义务的，由工商行政管理部门依法予以处理。

维修者未按照本规定履行三包义务的，由农业机械化主管部门依法予以处理。

第四十条 农机用户因三包责任问题与销售者、生产者、修理者发生纠纷的，可以按照公平、诚实、信用的原则进行协商解决。

协商不能解决的，农机用户可以向当地工商行政管理部门、产品质量监督部门或者农业机械化主管部门设立的投诉机构进行投诉，或者依法向消费者权益保护组织等反映情况，当事人要求调解的，可以调解解决。

第四十一条 因三包责任问题协商或调解不成的，农机用户可以依照《中华人民共和国仲裁法》的规定申请仲裁，也可以直接向人民法院起诉。

第四十二条 需要进行质量检验或者鉴定的，农机用户可以委托依法取得资质的农机产品质量检验机构进行质量检验或者鉴定。

质量检验或者鉴定所需费用按照法律、法规的规定或者双方约定的办法解决。

第八章 附 则

第四十三条 本规定下列用语的含义：

本规定所称质量问题，是指在合理使用的情况下，农机产品的使用性能不符合产品使用说明中明示的状况；或者农机产品不具备应当具备的使用性能；或者农机产品不符合生产者在农机或其包装上注明执行的产品标准。质量问题包括：

（一）严重质量问题，是指农机产品的重要性能严重下降，超过有关标准要求或明示的范围；或者农机产品主要部件报废或修理费用较高，必须更换的；或者正常使用的情况下农机产品自身出现故障影响人身安全的质量问题。

（二）一般质量问题，是指除严重质量问题外的其他质量问题，包括易损件的质量问题，但不包括农机用户按照农机产品使用说明书的维修、保养、调整或检修方法能用随机工具可以排除的轻度故障。

内燃机、拖拉机、联合收割机、插秧机严重质量问题见有关文件。

本规定所称农业机械产品用户（简称农机用户），是指为从事农业生产活动购买、使用农机产品的公民、法人和其他经济组织。

本规定所称生产者，是指生产、装配及改装农机产品的企业。农机产品的供货商或进口者视同生产者承担相应的三包责任。

本规定所称销售者，是指以其名义向农机用户直接交付农机产品并收取货款、开具购机发票的单位或者个人。生产者直接向农机用户销售农机产品的视同本规定中的销售者。

本规定所称修理者，是指与生产者或销售者订立代理修理合同，在三包有效期内，为农机用户提供农机产品维护、修理的单位或者个人。

第四十四条 农机产品因用于非农业生产活动而出现的质量问题符合法律规定的有关修理、更换或退货条件的，可以参照本规定执行。

第四十五条 本规定由国家质量监督检验检疫总局、国家工商行政管理总局、农业部、工业和信息化部按职责分工负责解释。

第四十六条 本规定自2010年6月1日起施行。1998年3月12日原国家经济贸易委员会、国家技术监督局、国家工商行政管理局、国内贸易部、机械工业部、农业部发布的《农业机械产品修理、更换、退货责任规定》（国经贸质〔1998〕123号）同时废止。

附件：

内燃机、拖拉机、联合收割机、插秧机整机的三包有效期以及主要部件的名称、质量保证期

一、内燃机：(指内燃机作为商品出售给农机用户的)

1. 整机三包有效期

①柴油机：多缸1年单缸9个月

②汽油机：二冲程3个月、四冲程6个月

2. 主要部件质量保证期

①柴油机：多缸2年、单缸1.5年

②汽油机：二冲程6个月、四冲程1年

3. 主要部件应当包括：内燃机机体、气缸盖、飞轮等。

二、拖拉机：

1. 整机三包有效期

大、中型拖拉机（18千瓦以上）1年，小型拖拉机9个月

2. 主要部件质量保证期

大、中型拖拉机2年，小型拖拉机1.5年

3. 主要部件应当包括：内燃机机体、气缸盖、飞轮、机架、变速箱箱体、半轴壳体、转向器壳体、差速器壳体、最终传动箱箱体、制动毂、牵引板、提升壳体等。

三、联合收割机：

1. 整机三包有效期：1年

2. 主要部件质量保证期：2 年

3. 主要部件应当包括：内燃机机体、气缸盖、飞轮、机架、变速箱箱体、离合器壳体、转向机、最终传动齿轮箱体等。

四、插秧机：

1. 整机三包有效期：1 年

2. 主要部件质量保证期：2 年

3. 主要部件应当包括：机架、变速箱体、传动箱体、插植臂、发动机机体、气缸盖、曲轴等。

内燃机、拖拉机、联合收割机、插秧机严重质量问题表

名称		严重质量问题	序号
内燃机	内燃机	飞车导致发动机严重损坏	1
	机体 气缸盖	裂纹、引起渗漏的砂眼、疏松、强力螺栓孔滑扣等损坏	2
	飞轮壳	裂纹、损坏	3
	气缸套	裂纹	4
	曲轴	裂纹、断裂	5
	平衡轴	断裂、键槽开裂	6
	连杆、连杆盖	断裂造成发动机严重损坏	7
	连杆螺栓	断裂	8
	活塞销	断裂	9
	飞轮	断裂	10
	进、排气门	破裂	11
	气门弹簧	断裂造成发动机损坏	12
	凸轮轴	断裂造成发动机损坏	13
	水泵	断裂	14
	机油泵	损坏导致发动机过热损坏	15
		损坏导致发动机缺油拉缸抱瓦	16

续表

名称		严重质量问题	序号
拖拉机	机架	断裂、严重变形	1
	前桥	损坏	2
	变速箱	总成报废（多个重要零件损坏）	3
	后桥	总成报废（多个重要零件损坏）	4
	变速箱	脱档或乱档多次发生	5
	离合器壳	裂纹或损坏	6
	变速箱体	裂纹或损坏	7
	半轴壳体	裂纹或损坏	8
	最终传动箱体	裂纹或损坏	9
	轮轴	损坏或裂纹	10
	悬架	损坏或裂纹	11
	转向臂	损坏或裂纹	12
	制动毂	损坏或裂纹	13
	贮气筒	损坏	14
	牵引装置	损坏	15
	柴油机部分	故障与内燃机严重质量问题表同	16
联合收割机	机架	裂纹、严重变形	1
	割台	严重变形	2
	割台输送螺旋半轴	断裂	3
	钉齿滚筒齿杆	断损	4
	滚筒辐盘	损坏导致脱粒机体损坏	5
	逐稿器键簧	断损	6
	逐稿器曲轴	断损	7
	滚筒无级变速盘	损坏	8
	纹杆螺栓	导致脱粒机体损坏	9
	离合器壳体	破损	10
	传动（分动）箱	损坏	11
	变速箱体	裂纹	12
	差速器壳体	裂纹	13
	最终传动壳体	损坏	14
	半轴	断损	15

续表

名称		严重质量问题	序号
联合收割机	驱动轮轮辋	裂损导致轮胎爆裂、损坏	16
	驱动轮轮胎	脱落	17
	柴油机部分	故障与内燃机严重质量问题表同	18
插秧机	机架	断裂、严重变形	1
	变速箱	乱档、脱档	2
	变速箱体	裂纹	3
	传动箱	裂纹、损坏	4
	轴承座	损坏	5
	插植臂	裂纹、损坏	6
	秧箱	损坏、严重变形	7
	输入轴	断损	8
	输出轴	断损	9
	仿形机构	功能失效	10
	液压系统	功能失效	11
	发动机部分	故障与内燃机严重质量问题表同	12

附 录

农业机械维修管理规定

中华人民共和国农业部、国家工商行政管理总局令
第57号

《农业机械维修管理规定》业经2006年1月16日农业部第3次常务会议和国家工商行政管理总局审议通过，现予发布，自2006年7月1日起施行。原农牧渔业部、国家工商行政管理局1984年11月15日发布的《全国农村机械维修点管理办法》（〔84〕农〔机〕字第42号）同时废止。

农业部部长
国家工商行政管理总局
二〇〇六年五月十日

第一章 总 则

第一条 为了规范农业机械维修业务，保证农业机械维修质量，维护农业机械维修当事人的合法权益，根据《中华人民

共和国农业机械化促进法》和有关法律、行政法规的规定，制定本规定。

第二条 本规定所称农业机械维修，是指使用工具、仪器、设备，对农业机械进行维护和修理，使其保持、恢复技术状态和工作能力的技术服务活动。

第三条 从事农业机械维修经营及相关的维修配件销售活动，应当遵守本规定。

第四条 农业机械维修者和维修配件销售者，应当依法经营，诚实守信，公平竞争，优质服务。

第五条 县级以上人民政府农业机械化主管部门、工商行政管理部门按照各自的职责分工，负责本行政区域内的农业机械维修和维修配件经营的监督管理工作，保护农业机械消费者的合法权益。

第六条 国家鼓励农业机械维修技术科研开发，促进农业机械维修新技术、新材料、新工艺和新设备的推广应用，提高维修质量，降低维修费用，节约资源，保护环境。

第二章 维修资格

第七条 农业机械维修者，应当具备符合有关农业行业标准规定的设备、设施、人员、质量管理、安全生产及环境保护等条件，取得相应类别和等级的《农业机械维修技术合格证》，并持《农业机械维修技术合格证》到工商行政管理部门办理工商注册登记手续后，方可从事农业机械维修业务。

第八条 农业机械维修业务实行分类、分级管理。

农业机械维修业务根据维修项目，分为综合维修和专项维修两类。综合维修根据技术条件和服务能力，分为一、二、三级。

（一）取得一级农业机械综合维修业务资格的，可以从事整机维修竣工检验工作，以及二级农业机械综合维修业务的所有项目。

（二）取得二级农业机械综合维修业务资格的，可以从事各种农业机械的整车修理和总成、零部件修理，以及三级农业机械综合维修业务的所有项目。

（三）取得三级农业机械综合维修业务资格的，可以从事常用农业机械的局部性换件修理、一般性故障排除以及整机维护。

（四）取得农业机械专项维修业务资格的，可以从事农业机械电器修理、喷油泵和喷油器修理、曲轴磨修、气缸镗磨、散热器修理、轮胎修补、电气焊、钣金修理和喷漆等专项维修。

第九条 申领《农业机械维修技术合格证》，应当向县级人民政府农业机械化主管部门提出，并提交以下材料：

（一）农业机械维修业务申请表；

（二）申请人身份证明、企业名称预先核准通知书或者营业执照；

（三）相应的维修场所和场地使用证明；

（四）主要维修设备和检测仪器清单；

（五）主要从业人员的职业资格证明。

县级人民政府农业机械化主管部门应当自受理申请之日起20个工作日内做出是否发放《农业机械维修技术合格证》的决定。不予发放的，应当书面告知申请人并说明理由。

第十条 《农业机械维修技术合格证》有效期为3年。有效期届满需要继续从事农业机械维修的，应当在有效期届满前30日内按原申请程序重新办理申请手续。

《农业机械维修技术合格证》式样由农业部规定，省、自治区、直辖市人民政府农业机械化主管部门统一印制并编号，县级人民政府农业机械化主管部门按规定发放和管理。

第十一条 农业机械维修者应当将《农业机械维修技术合格证》悬挂在经营场所的醒目位置，并公开维修工时定额和收费标准。

第十二条 农业机械维修者应当在核准的维修类别和等级范围内从事维修业务，不得超越范围承揽无技术能力保障的维修项目。

第十三条 农业机械维修者和维修配件销售者应当向农业机械消费者如实说明维修配件的真实质量状况，农业机械维修者使用可再利用旧配件进行维修时，应当征得送修者同意，并保证农业机械安全性能符合国家安全标准。

禁止农业机械维修者和维修配件销售者从事下列活动：

（一）销售不符合国家技术规范强制性要求的农业机械维修配件；

（二）使用不符合国家技术规范强制性要求的维修配件维修农业机械；

（三）以次充好、以旧充新，或者作引人误解的虚假宣传；

（四）利用维修零配件和报废机具的部件拼装农业机械整机；

（五）承揽已报废农业机械维修业务。

第十四条 农业机械化主管部门应当加强对农业机械维修

和维修配件销售从业人员职业技能培训和鉴定工作的指导，提高从业人员素质和技能水平。

第三章　质量管理

第十五条　维修农业机械，应当执行国家有关技术标准、规范或者与用户签订的维修协议，保证维修质量。

第十六条　农业机械维修实行质量保证期制度。在质量保证期内，农业机械因维修质量不合格的，维修者应当免费重新修理。

整机或总成修理质量保证期为 3 个月。

第十七条　农业机械维修配件销售者对其销售的维修配件质量负责。农业机械维修配件应当用中文标明产品名称、生产厂厂名和厂址，有质量检验合格证。

在质量保证期内的维修配件，应当按照有关规定包修、包换、包退。

第十八条　农业机械维修当事人因维修质量发生争议，可以向农业机械化主管部门投诉，或者向工商行政管理部门投诉，农业机械化主管部门和工商行政管理部门应当受理，调解质量纠纷。调解不成的，应当告知当事人向人民法院提起诉讼或者向仲裁机构申请仲裁。

第十九条　农业机械维修者应当使用符合标准的量具、仪表、仪器等检测器具和其他维修设备，对农业机械的维修应当填写维修记录，并于每年一月份向农业机械化主管部门报送上一年度维修情况统计表。

第四章　监督检查

第二十条　农业机械化主管部门、工商行政管理部门应当按照各自职责，密切配合，加强对农业机械维修者的从业资格、维修人员资格、维修质量、维修设备和检测仪器技术状态以及安全生产情况的监督检查。

第二十一条 农业机械化主管部门应当建立健全农业机械维修监督检查制度，加强农机执法人员培训，完善相应技术检测手段，确保行政执法公开、公平、公正。

第二十二条 农业机械化主管部门、工商行政管理部门执法人员实施农业机械维修监督检查，应当出示行政执法证件，否则受检查者有权拒绝检查。

第二十三条 农业机械维修者和维修配件销售者应当配合农业机械化主管部门、工商行政管理部门依法开展监督检查，如实反映情况，提供有关资料。

第五章 罚 则

第二十四条 违反本规定，未取得《农业机械维修技术合格证》从事维修业务的，由农业机械化主管部门责令限期改正；逾期拒不改正的，或者使用伪造、变造的《农业机械维修技术合格证》的，处1000元以下罚款，并于5日内通知工商行政管理部门依法处理。

第二十五条 违反本规定，不能保持设备、设施、人员、质量管理、安全生产和环境保护等技术条件符合要求的，由农业机械化主管部门给予警告，限期整改；逾期达不到规定要求的，由县级人民政府农业机械化主管部门收回、注销其《农业机械维修技术合格证》。

农业机械化主管部门注销《农业机械维修技术合格证》后，

应当自注销之日起5日内通知工商行政管理部门。被注销者应当依法到工商行政管理部门办理变更登记或注销登记。

第二十六条 违反本规定，超越范围承揽无技术能力保障的维修项目的，由农业机械化主管部门处200元以上500元以下罚款。

第二十七条 违反本规定第十三条第二款第一、三、四项的，由工商行政管理部门依法处理；违反本规定第十三条第二款第二、五项的，由农业机械化主管部门处500元以上1000元以下罚款。

第二十八条 违反本规定，有下列行为之一的，由农业机械化主管部门给予警告，限期改正；逾期拒不改正的，处100元以下罚款：

（一）农业机械维修者未在经营场所的醒目位置悬挂统一的《农业机械维修技术合格证》的；

（二）农业机械维修者未按规定填写维修记录和报送年度维修情况统计表的。

第二十九条 农业机械化主管部门工作人员玩忽职守、滥用职权、徇私舞弊的，由其所在单位或者上级主管机关依法给予行政处分。

第六章　附　则

第三十条 本规定自2006年7月1日起施行。原农牧渔业部、国家工商行政管理局1984年11月15日发布的《全国农村机械维修点管理办法》（〔84〕农〔机〕字第42号）同时废止。

农机商品分类表

（本文为参考资料）

一类农机商品：

拖拉机、拖车、农用汽车（载重车、农用改装车、农用运输车、机动三轮车）、加油车、推土机及装置、收获机械、扬场机、烘干机、机动脱粒机、机动插秧机、机动植保机械、农机检修试验设备、畜牧机械、林业机械、机耕船（包括农用船）等。

二类农机商品：

农田排灌机械（包括电动机、内燃机、喷灌机、水泵及其附件、电气设备等）、大中小型机引农具（包括犁、耙、播种机、中耕机、平地机、开沟器、镇压器、联结器等）、船用齿轮箱、船用挂浆机、小型水力和风力发电设备（五百千瓦以下）、柴（汽）油发电机组、打井机具及油罐等。

三类农机商品：

小型机动脱粒机械（简式型单脱粒机）、扬场机（10马力以下）小型农机试验检修设备、各种拖拉机配件（附件、液压装置及拆装工具）、渔业机械、扎草机、小型水泵（口径6寸及以下）和小型潜水电泵及其配件、各种水管、各种动力机械配件、各种机引农机具配件、船用齿轮箱及配件、各种农副产品加工机械及配件、维修轴承、半机械化农具及其配件、传动带、三角带、大车和力车底盘及其配件（包括内外轮胎）、农用汽车和拖拉机（包括拖车）轮胎、标准件以及其他有关机具的配件、油桶等。

农业部办公厅关于进一步规范农机购置补贴产品经营行为的通知

农办机〔2012〕19号

各省、自治区、直辖市及计划单列市农机（农业、农牧）局（厅、委、办），新疆生产建设兵团农业局，黑龙江省农垦总局，广东省农垦总局：

农机购置补贴是党的强农惠农富农政策的重要内容。政策实施以来，大部分农机产销企业能够守法诚信经营、严格规范操作，为保障农机购置补贴政策的实施发挥了积极作用。但是，也有一些经销企业不具备基本的资质条件、服务能力达不到要求，有的企业违法违规操作、套取骗取国家补贴资金，有的企业采取不正当竞争手段，扰乱农机购置补贴政策实施秩序，严重损害农民群众的切身利益。为深入贯彻落实《国务院关于促进农业机械化和农机工业又好又快发展的意见》（国发〔2010〕22号）和农业部办公厅、财政部办公厅《关于印发〈2012年农业机械购置补贴实施指导意见〉的通知》（农办财〔2011〕187号）精神，进一步规范农机购置补贴产品经营行为，切实维护农民和诚信企业的合法权益，促进农机购置补贴政策的规范、高效、廉洁实施，现将有关要求通知如下：

一、进一步明确经营农机购置补贴产品企业的资质条件。经销农机购置补贴产品的企业应具备以下资质条件：（一）经工商行政管理部门注册登记，具有企业法人资格；（二）企业注册资金不低于50万元；（三）具有与经营范围、规模相适应的固定经营场所，营业、仓储场地面积200平方米以上；（四）从事农业机械经营业务2年以上，有良好的社会信誉，2年内无有效群体性投诉；（五）具有与经营规模相适应的一定数量从业人员，企业管理者、业务人员、售后服务人员及取得专业资质人员比例达到GB/T 18389—2001《农业机械营销企业开业条件、等级划分及市场行为要求》相关要求，且至少有1名熟悉计算机管理软件操作人员；（六）具备《农业机械产品修理、更换、退货责任规定》要求的售后服务和零配件供应能力，经营所需设施设备达到GB/T 18389—2001《农业机械营销企业开业条件、等级划分及市场行为要求》相关要求；（七）具有健全的企业管理规章制度，诚实守信、管理规范，服务质量达到WB/T 1014—2000《农业机械营销企业服务质量规定》相关要求。

二、严格规范农机购置补贴产品经销企业的确定程序。要认真执行农机补贴产品经销商由生产企业自主推荐制度。农机生产企业依据资质条件自主确定经销商，颁发“农业机械购置补贴产品经销商”标识（式样见附件1），并报省级农机化主管部门备案（表式见附件2）。省级农机化主管部门要及时汇总经销商名单，统一向社会公布。按照“谁推荐、谁负责”的原则，农机生产企业应当对经销商资质的真实性负责。经销商资质及经营情况发生变化时，农机生产企业应及时书面告知省级农机化主管部门。农机生产企业要加强对经销商的监管和培训，跟踪调查经销商守法经营情况，发现违法违规行为的，应当及时处理并报告县级以上农机化主管部门。经销商出现违法违规行为，省级农机化主管部门应当向生产企业提出告诫。生产企业负有重大责任的，农机化主管部门应按程序取消其相应产品的补贴资格。

三、坚决执行农机购置补贴政策规定。各级农机化主管部门要加强对农机购置补贴产品经营行为的监督。要督促经销商守法经营、诚信服务，严格执行农机购置补贴政策相关规定和纪律要求。经销商应在经营场所醒目位置公示所经营享受补贴农业机械产品的种类、生产企业、型号、配置、价格及补贴标准等相关内容，并悬挂“农业机械购置补贴产品经销商”标识。要按规定向购机者开具销售发票，做好“三包”售后服务、零配件供应，以及农机购置补贴机具档案管理工作，建立销售记录并保存 3 年以上。经销商必须遵守“七个不得”的规定，即不得倒卖农机购置补贴指标或倒卖补贴机具；不得进行商业贿赂和不正当竞争；不得以许诺享受补贴为名诱导农民购买农业机械，代办补贴手续；不得以降低或减少产品配置、搭配销售等方式变相涨价；不得拒开发票或虚开发票；不得虚假宣传农机购置补贴政策；同一产品在同一地区、同一时期销售给享受补贴的农民的价格不得高于销售给不享受补贴的农民的价格。

四、严厉惩处农机购置补贴产品经营违法违规行为。各级农机化主管部门要重拳打击各类农机购置补贴产品经营违法违规行为，做到严厉查处，决不姑息。对于一般性违规行为，县级以上农机化主管部门应及时向经销商提出严肃警告或责令限期整改等要求。一般性违规行为主要包括：未在经营场所醒目位置公示享受补贴农业机械产品的种类、生产企业、型号、配置、价格及补贴标准等相关内容的；未在经营场所悬挂“农业机械购置补贴产品经销商”标识的；农民购机后，供货不及时，引起投诉的；违反“三包”规定，引起投诉的；未向购机者说明农机操作方法和安全注意事项的；销售记录和农机购置补贴机具档案不健全等。对于情节较重的违法违规行为，省级农机化主管部门要在充分调查取证，并事先书面告知当事人（告知书式样见附件3）的基础上，将经销商及法定代表人列入黑名单并向社会公布。列入黑名单的经销商销售的产品不得再享受补贴，法定代表人不得再参与农业机械购置补贴产品经销活动。相关农机生产企业应当及时取消其经销资格，收回“农业机械购置补贴产品经销商”标识。情节较重的违法违规行为主要包括：向购机者提供假冒伪劣产品的；以非法手段套取国家农机购置补贴资金的；违反本通知“七个不得”规定的；违反“三包”规定，引起群体性投诉，造成恶劣影响的；拒不执行农机化主管部门做出的警告、限期整改处理决定的；其他违反法律法规或农机购置补贴政策，情节严重的行为。对于违法违规性质特别恶劣的生产或经销企业，应建议工商部门吊销其营业执照；情节严重构成犯罪的，应积极协调和配合司法机关处理。

省级农机化主管部门要及时将本省（区、市及兵团、农垦）对违法违规生产或经销企业的查处情况上报农业部备案。

附件：1. 农业机械购置补贴产品经销商标识（略）

2. 农机购置补贴产品经销商资格备案表（略）

3. 违法违规行为处罚事先告知书（略）

二〇一二年三月二十六日

农业机械安全监督管理条例

中华人民共和国国务院令

第 563 号

《农业机械安全监督管理条例》已经 2009 年 9 月 7 日国务院第 80 次常务会议通过，现予公布，自 2009 年 11 月 1 日起施行。

总理　温家宝

二〇〇九年九月十七日

（2009 年 9 月 17 日中华人民共和国国务院令第 563 号公布；根据 2016 年 2 月 6 日国务院令第 666 号《国务院关于修改部分行政法规的决定》修订）

第一章　总　则

第一条　为了加强农业机械安全监督管理，预防和减少农业机械事故，保障人民生命和财产安全，制定本条例。

第二条 在中华人民共和国境内从事农业机械的生产、销售、维修、使用操作以及安全监督管理等活动，应当遵守本条例。

本条例所称农业机械，是指用于农业生产及其产品初加工等相关农事活动的机械、设备。

第三条 农业机械安全监督管理应当遵循以人为本、预防事故、保障安全、促进发展的原则。

第四条 县级以上人民政府应当加强对农业机械安全监督管理工作的领导，完善农业机械安全监督管理体系，增加对农民购买农业机械的补贴，保障农业机械安全的财政投入，建立健全农业机械安全生产责任制。

第五条 国务院有关部门和地方各级人民政府、有关部门应当加强农业机械安全法律、法规、标准和知识的宣传教育。

农业生产经营组织、农业机械所有人应当对农业机械操作人员及相关人员进行农业机械安全使用教育，提高其安全意识。

第六条 国家鼓励和支持开发、生产、推广、应用先进适用、安全可靠、节能环保的农业机械，建立健全农业机械安全技术标准和安全操作规程。

第七条 国家鼓励农业机械操作人员、维修技术人员参加职业技能培训和依法成立安全互助组织，提高农业机械安全操作水平。

第八条 国家建立落后农业机械淘汰制度和危及人身财产安全的农业机械报废制度，并对淘汰和报废的农业机械依法实行回收。

第九条 国务院农业机械化主管部门、工业主管部门、质量监督部门和工商行政管理部门等有关部门依照本条例和国务院规定的职责，负责农业机械安全监督管理工作。

县级以上地方人民政府农业机械化主管部门、工业主管部门和县级以上地方质量监督部门、工商行政管理部门等有关部门按照各自职责，负责本行政区域的农业机械安全监督管理工作。

第二章 生产、销售和维修

第十条 国务院工业主管部门负责制定并组织实施农业机械工业产业政策和有关规划。

国务院标准化主管部门负责制定发布农业机械安全技术国家标准，并根据实际情况及时修订。农业机械安全技术标准是强制执行的标准。

第十一条 农业机械生产者应当依据农业机械工业产业政策和有关规划，按照农业机械安全技术标准组织生产，并建立健全质量保障控制体系。

对依法实行工业产品生产许可证管理的农业机械，其生产者应当取得相应资质，并按照许可的范围和条件组织生产。

第十二条 农业机械生产者应当按照农业机械安全技术标准对生产的农业机械进行检验；农业机械经检验合格并附具详尽的安全操作说明书和标注安全警示标志后，方可出厂销售；依法必须进行认证的农业机械，在出厂前应当标注认证标志。

上道路行驶的拖拉机，依法必须经过认证的，在出厂前应当标注认证标志，并符合机动车国家安全技术标准。

农业机械生产者应当建立产品出厂记录制度，如实记录农业机械的名称、规格、数量、生产日期、生产批号、检验合格证号、购货者名称及联系方式、销售日期等内容。出厂记录保存期限不得少于3年。

第十三条 进口的农业机械应当符合我国农业机械安全技术标准，并依法由出入境检验检疫机构检验合格。依法必须进行认证的农业机械，还应当由出入境检验检疫机构进行入境验证。

第十四条 农业机械销售者对购进的农业机械应当查验产品合格证明。对依法实行工业产品生产许可证管理、依法必须进行认证的农业机械，还应当验明相应的证明文件或者标志。

农业机械销售者应当建立销售记录制度，如实记录农业机械的名称、规格、生产批号、供货者名称及联系方式、销售流向等内容。销售记录保存期限不得少于3年。

农业机械销售者应当向购买者说明农业机械操作方法和安全注意事项，并依法开具销售发票。

第十五条 农业机械生产者、销售者应当建立健全农业机械销售服务体系，依法承担产品质量责任。

第十六条 农业机械生产者、销售者发现其生产、销售的农业机械存在设计、制造等缺陷，可能对人身财产安全造成损害的，应当立即停止生产、销售，及时报告当地质量监督部门、工商行政管理部门，通知农业机械使用者停止使用。农业机械生产者应当及时召回存在设计、制造等缺陷的农业机械。

农业机械生产者、销售者不履行本条第一款义务的，质量监督部门、工商行政管理部门可以责令生产者召回农业机械，责令销售者停止销售农业机械。

第十七条 禁止生产、销售下列农业机械：

（一）不符合农业机械安全技术标准的；

（二）依法实行工业产品生产许可证管理而未取得许可证的；

（三）依法必须进行认证而未经认证的；

（四）利用残次零配件或者报废农业机械的发动机、方向机、变速器、车架等部件拼装的；

（五）国家明令淘汰的。

第十八条 从事农业机械维修经营，应当有必要的维修场地，有必要的维修设施、设备和检测仪器，有相应的维修技术人员，有安全防护和环境保护措施，取得相应的维修技术合格证书。

申请农业机械维修技术合格证书，应当向当地县级人民政府农业机械化主管部门提交下列材料：

（一）农业机械维修业务申请表；

（二）申请人身份证明、营业执照；

（三）维修场所使用证明；

（四）主要维修设施、设备和检测仪器清单；

（五）主要维修技术人员的国家职业资格证书。

农业机械化主管部门应当自收到申请之日起20个工作日内，对符合条件的，核发维修技术合格证书；对不符合条件的，书面通知申请人并说明理由。

维修技术合格证书有效期为3年；有效期满需要继续从事农

业机械维修的，应当在有效期满前申请续展。

第十九条 农业机械维修经营者应当遵守国家有关维修质量安全技术规范和维修质量保证期的规定，确保维修质量。

从事农业机械维修不得有下列行为：

（一）使用不符合农业机械安全技术标准的零配件；

（二）拼装、改装农业机械整机；

（三）承揽维修已经达到报废条件的农业机械；

（四）法律、法规和国务院农业机械化主管部门规定的其他禁止性行为。

第三章 使用操作

第二十条 农业机械操作人员可以参加农业机械操作人员的技能培训，可以向有关农业机械化主管部门、人力资源和社会保障部门申请职业技能鉴定，获取相应等级的国家职业资格证书。

第二十一条 拖拉机、联合收割机投入使用前，其所有人应当按照国务院农业机械化主管部门的规定，持本人身份证明和机具来源证明，向所在地县级人民政府农业机械化主管部门申请登记。拖拉机、联合收割机经安全检验合格的，农业机械化主管部门应当在 2 个工作日内予以登记并核发相应的证书和牌照。

拖拉机、联合收割机使用期间登记事项发生变更的，其所有人应当按照国务院农业机械化主管部门的规定申请变更登记。

第二十二条 拖拉机、联合收割机操作人员经过培训后，应当按照国务院农业机械化主管部门的规定，参加县级人民政府农业机械化主管部门组织的考试。考试合格的，农业机械化主管部门应当在2个工作日内核发相应的操作证件。

拖拉机、联合收割机操作证件有效期为6年；有效期满，拖拉机、联合收割机操作人员可以向原发证机关申请续展。未满18周岁不得操作拖拉机、联合收割机。操作人员年满70周岁的，县级人民政府农业机械化主管部门应当注销其操作证件。

第二十三条 拖拉机、联合收割机应当悬挂牌照。拖拉机上道路行驶，联合收割机因转场作业、维修、安全检验等需要转移的，其操作人员应当携带操作证件。

拖拉机、联合收割机操作人员不得有下列行为：

（一）操作与本人操作证件规定不相符的拖拉机、联合收割机；

（二）操作未按照规定登记、检验或者检验不合格、安全设施不全、机件失效的拖拉机、联合收割机；

（三）使用国家管制的精神药品、麻醉品后操作拖拉机、联合收割机；

（四）患有妨碍安全操作的疾病操作拖拉机、联合收割机；

（五）国务院农业机械化主管部门规定的其他禁止行为。

禁止使用拖拉机、联合收割机违反规定载人。

第二十四条 农业机械操作人员作业前，应当对农业机械进行安全查验；作业时，应当遵守国务院农业机械化主管部门和省、自治区、直辖市人民政府农业机械化主管部门制定的安全操作规程。

第四章　事故处理

第二十五条　县级以上地方人民政府农业机械化主管部门负责农业机械事故责任的认定和调解处理。

本条例所称农业机械事故，是指农业机械在作业或者转移等过程中造成人身伤亡、财产损失的事件。

农业机械在道路上发生的交通事故，由公安机关交通管理部门依照道路交通安全法律、法规处理；拖拉机在道路以外通行时发生的事故，公安机关交通管理部门接到报案的，参照道路交通安全法律、法规处理。农业机械事故造成公路及其附属设施损坏的，由交通主管部门依照公路法律、法规处理。

第二十六条　在道路以外发生的农业机械事故，操作人员和现场其他人员应当立即停止作业或者停止农业机械的转移，保护现场，造成人员伤害的，应当向事故发生地农业机械化主管部门报告；造成人员死亡的，还应当向事故发生地公安机关报告。造成人身伤害的，应当立即采取措施，抢救受伤人员。因抢救受伤人员变动现场的，应当标明位置。

接到报告的农业机械化主管部门和公安机关应当立即派人赶赴现场进行勘验、检查，收集证据，组织抢救受伤人员，尽快恢复正常的生产秩序。

第二十七条　对经过现场勘验、检查的农业机械事故，农业机械化主管部门应当在 10 个工作日内制作完成农业机械事故认定书；需要进行农业机械鉴定的，应当自收到农业机械鉴定机构出具的鉴定结论之日起 5 个工作日内制作农业机械事故认定书。

农业机械事故认定书应当载明农业机械事故的基本事实、成因和当事人的责任，并在制作完成农业机械事故认定书之日起3个工作日内送达当事人。

第二十八条 当事人对农业机械事故损害赔偿有争议，请求调解的，应当自收到事故认定书之日起10个工作日内向农业机械化主管部门书面提出调解申请。

调解达成协议的，农业机械化主管部门应当制作调解书送交各方当事人。调解书经各方当事人共同签字后生效。调解不能达成协议或者当事人向人民法院提起诉讼的，农业机械化主管部门应当终止调解并书面通知当事人。调解达成协议后当事人反悔的，可以向人民法院提起诉讼。

第二十九条 农业机械化主管部门应当为当事人处理农业机械事故损害赔偿等后续事宜提供帮助和便利。因农业机械产品质量原因导致事故的，农业机械化主管部门应当依法出具有关证明材料。

农业机械化主管部门应当定期将农业机械事故统计情况及说明材料报送上级农业机械化主管部门并抄送同级安全生产监督管理部门。

农业机械事故构成生产安全事故的，应当依照相关法律、行政法规的规定调查处理并追究责任。

第五章 服务与监督

第三十条 县级以上地方人民政府农业机械化主管部门应

当定期对危及人身财产安全的农业机械进行免费实地安全检验。但是道路交通安全法律对拖拉机的安全检验另有规定的，从其规定。

拖拉机、联合收割机的安全检验为每年1次。

实施安全技术检验的机构应当对检验结果承担法律责任。

第三十一条　农业机械化主管部门在安全检验中发现农业机械存在事故隐患的，应当告知其所有人停止使用并及时排除隐患。

实施安全检验的农业机械化主管部门应当对安全检验情况进行汇总，建立农业机械安全监督管理档案。

第三十二条　联合收割机跨行政区域作业前，当地县级人民政府农业机械化主管部门应当会同有关部门，对跨行政区域作业的联合收割机进行必要的安全检查，并对操作人员进行安全教育。

第三十三条　国务院农业机械化主管部门应当定期对农业机械安全使用状况进行分析评估，发布相关信息。

第三十四条　国务院工业主管部门应当定期对农业机械生产行业运行态势进行监测和分析，并按照先进适用、安全可靠、节能环保的要求，会同国务院农业机械化主管部门、质量监督部门等有关部门制定、公布国家明令淘汰的农业机械产品目录。

第三十五条　危及人身财产安全的农业机械达到报废条件的，应当停止使用，予以报废。农业机械的报废条件由国务院农业机械化主管部门会同国务院质量监督部门、工业主管部门规定。

县级人民政府农业机械化主管部门对达到报废条件的危及

人身财产安全的农业机械，应当书面告知其所有人。

第三十六条 国家对达到报废条件或者正在使用的国家已经明令淘汰的农业机械实行回收。农业机械回收办法由国务院农业机械化主管部门会同国务院财政部门、商务主管部门制定。

第三十七条 回收的农业机械由县级人民政府农业机械化主管部门监督回收单位进行解体或者销毁。

第三十八条 使用操作过程中发现农业机械存在产品质量、维修质量问题的，当事人可以向县级以上地方人民政府农业机械化主管部门或者县级以上地方质量监督部门、工商行政管理部门投诉。接到投诉的部门对属于职责范围内的事项，应当依法及时处理；对不属于职责范围内的事项，应当及时移交有权处理的部门，有权处理的部门应当立即处理，不得推诿。

县级以上地方人民政府农业机械化主管部门和县级以上地方质量监督部门、工商行政管理部门应当定期汇总农业机械产品质量、维修质量投诉情况并逐级上报。

第三十九条 国务院农业机械化主管部门和省、自治区、直辖市人民政府农业机械化主管部门应当根据投诉情况和农业安全生产需要，组织开展在用的特定种类农业机械的安全鉴定和重点检查，并公布结果。

第四十条 农业机械安全监督管理执法人员在农田、场院等场所进行农业机械安全监督检查时，可以采取下列措施：

（一）向有关单位和个人了解情况，查阅、复制有关资料；

（二）查验拖拉机、联合收割机证书、牌照及有关操作证件；

（三）检查危及人身财产安全的农业机械的安全状况，对存在重大事故隐患的农业机械，责令当事人立即停止作业或者停止农业机械的转移，并进行维修；

（四）责令农业机械操作人员改正违规操作行为。

第四十一条 发生农业机械事故后企图逃逸的、拒不停止存在重大事故隐患农业机械的作业或者转移的，县级以上地方人民政府农业机械化主管部门可以扣押有关农业机械及证书、牌照、操作证件。案件处理完毕或者农业机械事故肇事方提供担保的，县级以上地方人民政府农业机械化主管部门应当及时退还被扣押的农业机械及证书、牌照、操作证件。存在重大事故隐患的农业机械，其所有人或者使用人排除隐患前不得继续使用。

第四十二条 农业机械安全监督管理执法人员进行安全监督检查时，应当佩戴统一标志，出示行政执法证件。农业机械安全监督检查、事故勘察车辆应当在车身喷涂统一标识。

第四十三条 农业机械化主管部门不得为农业机械指定维修经营者。

第四十四条 农业机械化主管部门应当定期向同级公安机关交通管理部门通报拖拉机登记、检验以及有关证书、牌照、操作证件发放情况。公安机关交通管理部门应当定期向同级农业机械化主管部门通报农业机械在道路上发生的交通事故及处理情况。

第六章 法律责任

第四十五条 县级以上地方人民政府农业机械化主管部门、

工业主管部门、质量监督部门和工商行政管理部门及其工作人员有下列行为之一的，对直接负责的主管人员和其他直接责任人员，依法给予处分，构成犯罪的，依法追究刑事责任：

（一）不依法对拖拉机、联合收割机实施安全检验、登记，或者不依法核发拖拉机、联合收割机证书、牌照的；

（二）对未经考试合格者核发拖拉机、联合收割机操作证件，或者对经考试合格者拒不核发拖拉机、联合收割机操作证件的；

（三）对不符合条件者核发农业机械维修技术合格证书，或者对符合条件者拒不核发农业机械维修技术合格证书的；

（四）不依法处理农业机械事故，或者不依法出具农业机械事故认定书和其他证明材料的；

（五）在农业机械生产、销售等过程中不依法履行监督管理职责的；

（六）其他未依照本条例的规定履行职责的行为。

第四十六条 生产、销售利用残次零配件或者报废农业机械的发动机、方向机、变速器、车架等部件拼装的农业机械的，由县级以上质量监督部门、工商行政管理部门按照职责权限责令停止生产、销售，没收违法所得和违法生产、销售的农业机械，并处违法产品货值金额1倍以上3倍以下罚款；情节严重的，吊销营业执照。

农业机械生产者、销售者违反工业产品生产许可证管理、认证认可管理、安全技术标准管理以及产品质量管理的，依照有关法律、行政法规处罚。

第四十七条 农业机械销售者未依照本条例的规定建立、

保存销售记录的，由县级以上工商行政管理部门责令改正，给予警告；拒不改正的，处1000元以上1万元以下罚款，并责令停业整顿；情节严重的，吊销营业执照。

第四十八条 未取得维修技术合格证书或者使用伪造、变造、过期的维修技术合格证书从事维修经营的，由县级以上地方人民政府农业机械化主管部门收缴伪造、变造、过期的维修技术合格证书，限期补办有关手续，没收违法所得，并处违法经营额1倍以上2倍以下罚款；逾期不补办的，处违法经营额2倍以上5倍以下罚款。

第四十九条 农业机械维修经营者使用不符合农业机械安全技术标准的配件维修农业机械，或者拼装、改装农业机械整机，或者承揽维修已经达到报废条件的农业机械的，由县级以上地方人民政府农业机械化主管部门责令改正，没收违法所得，并处违法经营额1倍以上2倍以下罚款；拒不改正的，处违法经营额2倍以上5倍以下罚款；情节严重的，吊销维修技术合格证。

第五十条 未按照规定办理登记手续并取得相应的证书和牌照，擅自将拖拉机、联合收割机投入使用，或者未按照规定办理变更登记手续的，由县级以上地方人民政府农业机械化主管部门责令限期补办相关手续；逾期不补办的，责令停止使用；拒不停止使用的，扣押拖拉机、联合收割机，并处200元以上2000元以下罚款。

当事人补办相关手续的，应当及时退还扣押的拖拉机、联合收割机。

第五十一条 伪造、变造或者使用伪造、变造的拖拉机、联合收割机证书和牌照的，或者使用其他拖拉机、联合收割机的证书和牌照的，由县级以上地方人民政府农业机械化主管部门收缴伪造、变造或者使用的证书和牌照，对违法行为人予以批评教育，并处200元以上2000元以下罚款。

第五十二条 未取得拖拉机、联合收割机操作证件而操作拖拉机、联合收割机的，由县级以上地方人民政府农业机械化主管部门责令改正，处100元以上500元以下罚款。

第五十三条 拖拉机、联合收割机操作人员操作与本人操作证件规定不相符的拖拉机、联合收割机，或者操作未按照规定登记、检验或者检验不合格、安全设施不全、机件失效的拖拉机、联合收割机，或者使用国家管制的精神药品、麻醉品后操作拖拉机、联合收割机，或者患有妨碍安全操作的疾病操作拖拉机、联合收割机的，由县级以上地方人民政府农业机械化主管部门对违法行为人予以批评教育，责令改正；拒不改正的，处100元以上500元以下罚款；情节严重的，吊销有关人员的操作证件。

第五十四条 使用拖拉机、联合收割机违反规定载人的，由县级以上地方人民政府农业机械化主管部门对违法行为人予以批评教育，责令改正；拒不改正的，扣押拖拉机、联合收割机的证书、牌照；情节严重的，吊销有关人员的操作证件。非法从事经营性道路旅客运输的，由交通主管部门依照道路运输管理法律、行政法规处罚。

当事人改正违法行为的，应当及时退还扣押的拖拉机、联合收割机的证书、牌照。

第五十五条 经检验、检查发现农业机械存在事故隐患，经农业机械化主管部门告知拒不排除并继续使用的，由县级以上地方人民政府农业机械化主管部门对违法行为人予以批评教育，责令改正；拒不改正的，责令停止使用；拒不停止使用的，扣押存在事故隐患的农业机械。

事故隐患排除后，应当及时退还扣押的农业机械。

第五十六条 违反本条例规定，造成他人人身伤亡或者财产损失的，依法承担民事责任；构成违反治安管理行为的，依法给予治安管理处罚；构成犯罪的，依法追究刑事责任。

第七章 附 则

第五十七条 本条例所称危及人身财产安全的农业机械，是指对人身财产安全可能造成损害的农业机械，包括拖拉机、联合收割机、机动植保机械、机动脱粒机、饲料粉碎机、插秧机、铡草机等。

第五十八条 本条例规定的农业机械证书、牌照、操作证件和维修技术合格证，由国务院农业机械化主管部门会同国务院有关部门统一规定式样，由国务院农业机械化主管部门监制。

第五十九条 拖拉机操作证件考试收费、安全技术检验收费和牌证的工本费，应当严格执行国务院价格主管部门核定的收费标准。

第六十条 本条例自 2009 年 11 月 1 日起施行。

附　录

农业机械实地安全检验办法

中华人民共和国农业部公告

第 1689 号

为规范农机安全检验工作，减少农业机械事故隐患，提高农业机械安全技术状态，预防和减少农业机械事故，保障人民生命财产安全，根据《农业机械安全监督管理条例》，我部制定了《农业机械实地安全检验办法》，现予公布。

特此公告。

二〇一一年十二月十五日

第一章　总　则

第一条　为了规范农机安全检验工作，减少农业机械事故隐患，提高农业机械安全技术状态，预防和减少农业机械事故，保障人民生命财产安全，根据《农业机械安全监督管理条例》，制定本办法。

第二条 本办法所称农业机械，是指拖拉机、联合收割机、机动植保机械、机动脱粒机、饲料粉碎机、插秧机、铡草机以及省级农业机械化主管部门确定的对人身财产安全可能造成危害的其他农业机械。

本办法所称实地安全检验，是按照有关安全技术标准或检验技术规范，在设立的检验点或农业机械作业现场、停放场所等按规定期限对农业机械进行安全检验的活动。

第三条 农业机械实地安全检验应当遵循公开、公正、科学、便民的原则。

第四条 县级以上地方人民政府农业机械化主管部门主管本行政区域内农业机械实地安全检验工作。

农业机械化主管部门所属的农业机械安全监督管理机构（以下简称农机安全监理机构）负责本行政区域内农业机械实地安全检验的实施工作。

第五条 县级以上地方人民政府农业机械化主管部门应当加强对农业机械实地安全检验工作的领导和检查，完善农机安全监理机构体系，落实将安全检验所需经费纳入财政预算的规定，保障农业机械免费实地安全检验活动正常开展。

第六条 县级以上地方人民政府农业机械化主管部门应当支持和指导农业机械所有人对农业机械加强安全维护。对依法按时参加安全检验并持续保持安全状态的，在实施国家优惠政策时应当给予优先安排。

第二章 检 验

第七条 农业机械所有人应当适时维护和保养农业机械，

确保其安全技术状况良好，并定期向住所地的农机安全监理机构申请安全技术检验。

第八条 农业机械所有人应当确保农业机械的安全警示标志、防护装置等安全设施齐全有效。

第九条 初次申领拖拉机、联合收割机号牌及行驶证的，应当按规定进行安全检验，取得农机安全监理机构核发的安全技术检验合格证明。

自注册登记之日起，拖拉机、联合收割机每年检验1次。

第十条 对检验合格的拖拉机按规定核发检验合格标志，对检验合格的联合收割机签注行驶证。检验合格证明存入拖拉机、联合收割机档案。

第十一条 机动植保机械、机动脱粒机、饲料粉碎机、插秧机、铡草机等农业机械在进行第一次安全检验时，其所有人应当提供来历证明、农业机械和个人基本信息。具体定期检验间隔由省级人民政府农业机械化主管部门根据当地机械操作使用的实际需要确定。

第十二条 农业机械化主管部门在安全检验中发现农业机械存在事故隐患的，应当告知其所有人停止使用并及时排除隐患。

农业机械所有人应当在规定期限内排出隐患，并及时再次申请检验。

第十三条 有下列情形之一的农业机械，原检验合格结果失效：

（一）按照国家有关规定应当报废的；

（二）擅自改装的；

（三）更换涉及安全性能主要零部件的。

第十四条 农业部负责制定拖拉机、联合收割机等全国通用性强的农业机械安全检验技术规范。没有全国统一的安全检验技术规范的，省级人民政府农业机械化主管部门应当根据当地农业机械安全操作使用实际制定相应的地方安全检验技术规范。

第三章 管 理

第十五条 农机安全检验人员应当经培训考试合格取得相关证件后，方可从事安全检验工作。

第十六条 农机安全监理机构应当配备满足农业机械实地安全检验要求的设备、仪器和车辆。

第十七条 农机安全监理机构应当加强农机安全检验人员培训和内部管理，不断提高安全检验服务水平，充分发挥乡镇、村在农机安全检验工作中的作用。

农机安全监理机构可以聘请符合前款规定条件的在职乡村农机技术人员参与检验工作。

第十八条 农机安全监理机构组织安全检验，应当制定并公告检验方案，明确参加检验农业机械的类型、时间和地点，公告期不少于10日。

第十九条 安全检验场地应当符合安全、便民、高效的要求。

第二十条 农机安全监理机构及其安全检验人员应当严格按照相关的安全检验技术规范进行农业机械实地安全检验，并对检验结果负责。

第二十一条 实施实地安全检验的农机安全监理机构应当建立健全农业机械实地安全检验档案，按照国家有关规定对检验结果和有关技术资料进行保存。

第二十二条 农业机械未经检验或者检验不合格投入使用的，由县级以上地方人民政府农业机械化主管部门根据《农业机械安全监督管理条例》等法规的规定处理。

第四章 附 则

第二十三条 本办法自2012年2月1日起施行。

拖拉机登记规定

中华人民共和国农业部令

2010年第11号

《农业部关于修订部分规章的决定》已于2010年11月19日经农业部第10次常务会议审议通过，现予公布，自公布之日起施行。

农业部部长

二〇一〇年十一月二十六日

（2004年9月21日农业部令第43号公布；根据2010年11月19日农业部第10次常务会议通过的《农业部关于修订部分规章的决定》修订）

第一章　总　则

第一条　为规范拖拉机登记，根据《中华人民共和国农业机械化促进法》、《中华人民共和国道路交通安全法》和《农业机械安全监督管理条例》等有关法律、法规，制定本规定。

第二条　本规定由农业（农业机械）主管部门负责实施。

直辖市农业（农业机械）主管部门农机安全监理机构、设区的市或者相当于同级的农业（农业机械）主管部门农机安全监理机构（以下简称“农机监理机构”）负责办理本行政辖区内拖拉机登记业务。

县级农业（农业机械）主管部门农机安全监理机构在上级农业（农业机械）主管部门农机安全监理机构的指导下，承办拖拉机登记申请的受理、拖拉机检验等具体工作。

第三条 农机监理机构办理拖拉机登记，应当遵循公开、公正、便民的原则。

农机监理机构在受理拖拉机登记申请时，对申请材料齐全并符合法律、行政法规和本规定的，应当在规定的期限内办结。对申请材料不全或者其他不符合法定形式的，应当一次告知申请人需要补正的全部内容。对不符合规定的，应当书面告知不予受理、登记的理由。

农机监理机构应当将拖拉机登记的事项、条件、依据、程序、期限以及收费标准、需要提交的材料和申请表示范文本等在办理登记的场所公示。

省级农机监理机构应当在互联网上建立主页，发布信息，便于群众查阅拖拉机登记的有关规定，下载、使用有关表格。

第四条 农机监理机构应当使用计算机管理系统办理拖拉机登记，打印拖拉机行驶证和拖拉机登记证书。

计算机管理系统的数据库标准和软件全国统一。数据库应当完整、准确记录登记内容，记录办理过程和经办人员信息，并能够及时将有关登记内容传送到全国农机监理信息系统。

第二章　登　记

第一节　注册登记

第五条 初次申领拖拉机号牌、行驶证的，应当在申请注册登记前，对拖拉机进行安全技术检验，取得安全技术检验合格证明。

属于经国务院拖拉机产品主管部门依据拖拉机国家安全技术标准认定的企业生产的拖拉机机型，其新机在出厂时经检验获得合格证的，免予安全技术检验。

第六条 拖拉机所有人应当向住所地的农机监理机构申请注册登记，填写《拖拉机注册登记/转入申请表》，提交法定证明、凭证，并交验拖拉机。

农机监理机构应当自受理之日起2个工作日内，确认拖拉机的类型、厂牌型号、颜色、发动机号码、机身（底盘）号码或者挂车架号码、主要特征和技术参数，核对发动机号码和拖拉机机身（底盘）或者挂车架号码的拓印膜，审查提交的证明、凭证，对符合条件的，核发拖拉机登记证书、号牌、行驶证和检验合格标志。

第七条 办理注册登记，应当登记下列内容：

（一）拖拉机登记编号、拖拉机登记证书编号；

（二）拖拉机所有人的姓名或者单位名称、身份证明名称与号码、住所地址、联系电话和邮政编码；

（三）拖拉机的类型、制造厂、品牌、型号、发动机号码、机身（底盘）号码或者挂车架号码、出厂日期、机身颜色；

（四）拖拉机的有关技术数据；

（五）拖拉机获得方式；

（六）拖拉机来历证明的名称、编号或进口拖拉机进口凭证的名称、编号；

（七）上道路行驶的拖拉机交通事故责任强制保险的日期和

保险公司的名称；

（八）注册登记的日期；

（九）法律、行政法规规定登记的其他事项。

拖拉机登记后，对拖拉机来历证明、出厂合格证明应签注已登记标志，收存来历证明和身份证明复印件。

第八条 有下列情形之一的，不予办理注册登记：

（一）拖拉机所有人提交的证明、凭证无效的；

（二）拖拉机来历证明涂改的，或者拖拉机来历证明记载的拖拉机所有人与身份证明不符的；

（三）拖拉机所有人提交的证明、凭证与拖拉机不符的；

（四）拖拉机达到国家规定的强制报废标准的；

（五）拖拉机属于被盗抢的；

（六）其他不符合法律、行政法规规定的情形。

第二节 变更登记

第九条 申请变更拖拉机机身颜色、更换机身（底盘）或者挂车的，应当填写《拖拉机变更登记申请表》，提交法定证明、凭证。

农机监理机构应当自受理之日起1日内做出准予或不予变更的决定。

准予变更的，拖拉机所有人应当在变更后10日内向农机监理机构交验拖拉机。农机监理机构应当自受理之日起1日内确认拖拉机，收回原行驶证，重新核发行驶证。属于更换机身（底盘）或者挂车的，还应当核对拖拉机机身（底盘）或者挂车架号码的拓印膜，对机身（底盘）或者挂车的来历证明签注已登记标志，收存来历证明复印件。

第十条 更换发动机的，拖拉机所有人应当于变更后10日内向农机监理机构申请变更登记，填写《拖拉机变更登记申请表》，提交法定证明、凭证，并交验拖拉机。

农机监理机构应当自受理之日起1日内确认拖拉机，收回原行驶证，重新核发行驶证。对发动机的来历证明签注已登记标志，收存来历证明复印件。

第十一条 拖拉机因质量问题，由制造厂更换整机的，拖拉机所有人应当于更换整机后向农机监理机构申请变更登记，填写《拖拉机变更登记申请表》，提交法定证明、凭证，并交验拖拉机。

农机监理机构应当自受理之日起2个工作日内确认拖拉机，收回原行驶证，重新核发行驶证。对拖拉机整机出厂合格证明或者进口拖拉机进口凭证签注已登记标志，收存来历证明复印件。不属于国务院拖拉机产品主管部门认定免予检验的机型，还应当查验拖拉机安全技术检验合格证明。

第十二条 条拖拉机所有人的住所迁出农机监理机构管辖区的，应当向迁出地农机监理机构申请变更登记，提交法定证明、凭证。

迁出地农机监理机构应当收回号牌和行驶证，核发临时行驶号牌，将拖拉机档案密封交由拖拉机所有人携带，于90日内到迁入地农机监理机构申请拖拉机转入。

第十三条 申请拖拉机转入的，应当填写《拖拉机注册登记/转入申请表》，交验拖拉机，并提交下列证明、凭证：

（一）拖拉机所有人的身份证明；

（二）拖拉机登记证书。

农机监理机构应当自受理之日起2个工作日内，查验并收存拖拉机档案，确认拖拉机，核发号牌、行驶证和检验合格标志。

第十四条 拖拉机为两人以上共同财产，需要将拖拉机所有人姓名变更的，变更双方应当共同到农机监理机构，填写《拖拉机变更登记申请表》，提交以下证明，凭证：

（一）变更前和变更后拖拉机所有人的身份证明；

（二）拖拉机登记证书；

（三）拖拉机行驶证；

（四）共同所有的证明。

农机监理机构应当自受理之日起1日内查验申请事项发生变更的证明，收回原行驶证，重新核发行驶证。需要改变拖拉机登记编号的，收回原号牌、行驶证，确定新的拖拉机登记编号，重新核发号牌、行驶证和检验合格标志。

变更后拖拉机所有人的住所不在农机监理机构管辖区的，农机监理机构应当按照本规定第十二条第二款和第十三条规定办理变更登记。

第十五条 农机监理机构办理变更登记，应当分别登记下列内容：

（一）变更后的机身颜色；

（二）变更后的发动机号码；

（三）变更后的机身（底盘）或者挂车架号码；

（四）发动机、机身（底盘）或者挂车来历证明的名称、编号；

（五）发动机、机身（底盘）或者挂车出厂合格证明或者进口凭证编号、出厂日期、注册登记日期；

（六）变更后的拖拉机所有人姓名或者单位名称；

（七）需要办理拖拉机档案转出的，登记转入地农机监理机构的名称；

（八）变更登记的日期。

第十六条 已注册登记的拖拉机，拖拉机所有人住所地址在农机监理机构管辖区域内迁移、拖拉机所有人姓名（单位名称）或者联系方式变更的，应当填写《拖拉机变更备案表》，可通过邮寄、传真、电子邮件等方式向农机监理机构备案。

第三节 转移登记

第十七条 拖拉机所有权发生转移，申请转移登记的，转移后的拖拉机所有人应当于拖拉机交付之日起30日内，填写《拖拉机转移登记申请表》，提交法定证明、凭证，交验拖拉机。

农机监理机构应当自受理之日起2个工作日内，确认拖拉机。

转移后的拖拉机所有人住所在原登记地农机监理机构管辖区内的，收回拖拉机行驶证，重新核发拖拉机行驶证。需要改变拖拉机登记编号的，收回原号牌、行驶证，确定新的拖拉机登记编号，重新核发拖拉机号牌、行驶证和检验合格标志。

转移后的拖拉机所有人住所不在原登记地农机监理机构管辖区内的，按照本规定第十二条第二款和第十三条规定办理。

第十八条 农机监理机构办理转移登记，应当登记下列内容：

（一）转移后的拖拉机所有人的姓名或者单位名称、身份证明名称与号码、住所地址、联系电话和邮政编码；

（二）拖拉机获得方式；

（三）拖拉机来历证明的名称、编号；

（四）转移登记的日期；

（五）改变拖拉机登记编号的，登记拖拉机登记编号；

（六）转移后的拖拉机所有人住所不在原登记地农机监理机构管辖区内的，登记转入地农机监理机构的名称。

第十九条 有下列情形之一的，不予办理转移登记：

（一）有本规定第八条规定情形的；

（二）拖拉机与该机的档案记载的内容不一致的；

（三）拖拉机在抵押期间的；

（四）拖拉机或者拖拉机档案被人民法院、人民检察院、行政执法部门依法查封、扣押的；

（五）拖拉机涉及未处理完毕的道路交通、农机安全违法行为或者交通、农机事故的。

第二十条 被司法机关和行政执法部门依法没收并拍卖，或者被仲裁机构依法仲裁裁决，或者被人民法院调解、裁定、判决拖拉机所有权转移时，原拖拉机所有人未向转移后的拖拉机所有人提供拖拉机登记证书和拖拉机行驶证的，转移后的拖拉机所有人在办理转移登记时，应当提交司法机关出具的《协助执行通知书》，或者行政执法部门出具的未得到拖拉机登记证书和拖拉机行驶证的证明。农机监理机构应当公告原拖拉机登记证书和行驶证作废，并在办理所有权转移登记的同时，发放拖拉机登记证书和行驶证。

第四节　抵押登记

第二十一条 申请抵押登记，应当由拖拉机所有人（抵押人）和抵押权人共同申请，填写《拖拉机抵押/注销抵押登记申请表》，提交下列证明、凭证：

（一）抵押人和抵押权人的身份证明；

（二）拖拉机登记证书；

（三）抵押人和抵押权人依法订立的主合同和抵押合同。

农机监理机构应当自受理之日起 1 日内，在拖拉机登记证书上记载抵押登记内容。

第二十二条 农机监理机构办理抵押登记，应当登记下列内容：

（一）抵押权人的姓名或者单位名称、身份证明名称与号码、住所地址、联系电话和邮政编码；

（二）抵押担保债权的数额；

（三）主合同和抵押合同号码；

（四）抵押登记的日期。

第二十三条 申请注销抵押的，应当由抵押人与抵押权人共同申请，填写《拖拉机抵押/注销抵押登记申请表》，提交下列证明、凭证：

（一）抵押人和抵押权人的身份证明；

（二）拖拉机登记证书。

农机监理机构应当自受理之日起 1 日内，在拖拉机登记证书上记载注销抵押内容和注销抵押的日期。

第二十四条 拖拉机抵押登记内容和注销抵押日期可以供公众查询。

第五节 注销登记

第二十五条 已达到国家强制报废标准的拖拉机，拖拉机所有人申请报废注销时，应当填写《拖拉机停驶、复驶/注销登记申请表》，向农机监理机构提交拖拉机号牌、拖拉机行驶证、拖拉机登记证书。

农机监理机构应当自受理之日起 1 日内办理注销登记，在计算机管理系统内登记注销信息。

第二十六条 因拖拉机灭失，拖拉机所有人向农机监理机构申请注销登记的，应当填写《拖拉机停驶、复驶/注销登记申请表》。农机监理机构应当自受理之日起 1 日内办理注销登记，收回拖拉机号牌、拖拉机行驶证和拖拉机登记证书。

因拖拉机灭失无法交回号牌、拖拉机行驶证的，农机监理机构应当公告作废。

拖拉机所有人因其他原因申请注销登记的，填写《拖拉机停驶、复驶/注销登记申请表》。农机监理机构应当自受理之日起 1 日内办理注销登记，收回拖拉机号牌、拖拉机行驶证和拖拉机登记证书。

第三章 其他规定

第二十七条 已注册登记的拖拉机需要停驶或停驶后恢复行驶的，应当填写《拖拉机停驶、复驶/注销登记申请表》，提交下列材料：

（一）拖拉机所有人的身份证明；

（二）申请停驶的，交回拖拉机号牌和拖拉机行驶证。

拖拉机停驶，农机监理机构应当自受理之日起 3 日内，收回拖拉机号牌和行驶证。拖拉机复驶，农机监理机构应当自受理之日起 3 日内，发给拖拉机号牌和拖拉机行驶证。

第二十八条 拖拉机登记证书灭失、丢失或者损毁的，拖拉机所有人应当申请补领、换领拖拉机登记证书，填写《补领、换领拖拉机牌证申请表》，提交拖拉机所有人的身份证明。

对申请换领拖拉机登记证书的，农机监理机构应当自受理之日起1日内换发，收回原拖拉机登记证书。对申请补领拖拉机登记证书的，农机监理机构应当自受理之日起15日内确认拖拉机，并重新核发拖拉机登记证书。补发拖拉机登记证书期间应当停止办理该拖拉机的各项登记。

第二十九条 拖拉机号牌、拖拉机行驶证灭失、丢失或者损毁，拖拉机所有人应当申请补领、换领拖拉机号牌、行驶证，填写《补领、换领拖拉机牌证申请表》，并提交拖拉机所有人的身份证明。

农机监理机构应当自受理之日起1日内补发、换发拖拉机行驶证。自受理之日起15日内补发、换发号牌，原拖拉机登记编号不变。

办理补发拖拉机号牌期间应当给拖拉机所有人核发临时行驶号牌。

补发、换发拖拉机号牌或者拖拉机行驶证后，收回未灭失、丢失或者损坏的号牌、行驶证。

第三十条 未注册登记的拖拉机需要驶出本行政辖区的，拖拉机所有人应当到农机监理机构申请拖拉机临时行驶号牌，提交以下证明、凭证：

（一）拖拉机所有人的身份证明；

（二）拖拉机来历证明；

（三）拖拉机整机出厂合格证明；

（四）上道路行驶的拖拉机交通事故责任强制保险凭证。

农机监理机构应当自受理之日起 1 日内，核发拖拉机临时行驶号牌。

第三十一条 拖拉机所有人发现登记内容有错误的，应当及时要求农机监理机构更正。农机监理机构应当自受理之日起 5 日内予以确认。确属登记错误的，在拖拉机登记证书上更正相关内容，换发行驶证。需要改变拖拉机登记编号的，收回原号牌、行驶证，确定新的拖拉机登记编号，重新核发号牌、行驶证和检验合格标志。

第三十二条 已注册登记的拖拉机被盗抢，拖拉机所有人应当在向公安机关报案的同时，向登记地农机监理机构申请封存拖拉机档案。农机监理机构应当受理申请，在计算机管理系统内记录被盗抢信息，封存档案，停止办理该拖拉机的各项登记。被盗抢拖拉机发还后，拖拉机所有人应当向登记地农机监理机构申请解除封存，农机监理机构应当受理申请，恢复办理该拖拉机的各项登记。

拖拉机在被盗抢期间，发动机号码、机身（底盘）或者挂车架号码或者机身颜色被改变的，农机监理机构应当凭有关技术鉴定证明办理变更。

第三十三条 拖拉机应当从注册登记之日起每年检验 1 次。拖拉机所有人申领检验合格标志时，应当提交行驶证、上道路行驶的拖拉机交通事故责任强制保险凭证、拖拉机安全技术检验合格证明。

农机监理机构应当自受理之日起 1 日内，确认拖拉机，对涉及拖拉机的道路交通、农机安全违法行为和交通、农机事故处理情况进行核查后，在拖拉机行驶证上签注检验记录，核发拖拉机检验合格标志。

拖拉机涉及道路交通、农机安全违法行为或者交通、农机事故未处理完毕的，不予核发检验合格标志。

第三十四条 拖拉机因故不能在登记地检验的，拖拉机所有人应当向登记地农机监理机构申领委托核发检验合格标志。申请时，拖拉机所有人应当提交行驶证、上道路行驶的拖拉机交通事故责任强制保险凭证。农机监理机构应当自受理之日起1日内，对涉及拖拉机的道路交通、农机安全违法行为和交通、农机事故处理情况进行核查后，出具核发检验合格标志的委托书。

拖拉机在检验地检验合格后，拖拉机所有人应当按照本规定第三十三条第一款的规定向被委托地农机监理机构申请检验合格标志，并提交核发检验合格标志的委托书。被委托地农机监理机构应当自受理之日起1日内，按照本规定第三十三条第二款的规定，在拖拉机行驶证上签注检验记录，核发拖拉机检验合格标志。

拖拉机涉及道路交通、农机安全违法行为或者交通、农机事故未处理完毕的，不得委托核发检验合格标志。

第三十五条 拖拉机所有人可以委托代理人代理申请各项拖拉机登记和相关业务，但申请补发拖拉机登记证书的除外。代理人申请拖拉机登记和相关业务时，应当提交代理人的身份证明和拖拉机所有人与代理人共同签字的申请表。

农机监理机构应当记载代理人的姓名或者单位名称、身份证明名称与号码、住所地址、联系电话和邮政编码。

第四章　附　则

第三十六条　拖拉机号牌、临时行驶号牌、拖拉机行驶证的式样、规格，按照中华人民共和国农业行业标准《中华人民共和国拖拉机号牌》、《中华人民共和国拖拉机行驶证证件》执行。拖拉机登记证书、检验合格标志的式样，以及各类登记表格式样等由农业部制定。拖拉机登记证书由农业部统一印制。

第三十七条　本规定下列用语的含义：

（一）拖拉机类型是指：

1. 大中型拖拉机；

2. 小型方向盘式拖拉机；

3. 手扶式拖拉机。

（二）拖拉机所有人是指拥有拖拉机所有权的个人或者单位。

（三）身份证明是指：

1. 机关、事业单位、企业和社会团体的身份证明，是《组织机构代码证书》。上述单位已注销、撤销或者破产的，已注销的企业单位的身份证明，是工商行政管理部门出具的注销证明；已撤销的机关、事业单位的身份证明，是上级主管机关出具的有关证明；已破产的企业单位的身份证明，是依法成立的财产清算机构出具的有关证明；

2. 居民的身份证明，是《居民身份证》或者《居民户口簿》。在暂住地居住的内地居民，其身份证明是《居民身份证》

和公安机关核发的居住、暂住证明。

（四）住所是指：

1. 单位的住所为其主要办事机构所在地；

2. 个人的住所为其户籍所在地或者暂住地。

（五）住所地址是指：

1. 单位住所地址为其身份证明记载的地址；

2. 个人住所地址为其申报的住所地址。

（六）拖拉机获得方式是指：购买、继承、赠予、中奖、协议抵偿债务、资产重组、资产整体买卖、调拨，人民法院调解、裁定、判决，仲裁机构仲裁裁决等。

（七）拖拉机来历证明是指：

1. 在国内购买的拖拉机，其来历证明是拖拉机销售发票；销售发票遗失的是销售商或者所在单位的证明；在国外购买的拖拉机，其来历证明是该机销售单位开具的销售发票和其翻译文本；

2. 人民法院调解、裁定或者判决所有权转移的拖拉机，其来历证明是人民法院出具的已经生效的调解书、裁定书或者判决书以及相应的《协助执行通知书》；

3. 仲裁机构仲裁裁决所有权转移的拖拉机，其来历证明是仲裁裁决书和人民法院出具的《协助执行通知书》；

4. 继承、赠予、中奖和协议抵偿债务的拖拉机，其来历证明是继承、赠予、中奖和协议抵偿债务的相关文书；

5. 经公安机关破案发还的被盗抢且已向原拖拉机所有人理赔完毕的拖拉机，其来历证明是保险公司出具的《权益转让证明书》；

6. 更换发动机、机身（底盘）、挂车的来历证明，是销售单位开具的发票或者修理单位开具的发票；

7. 其他能够证明合法来历的书面证明。

第三十八条 本规定自2004年10月1日起施行，农业部1998年1月5日发布的《农用拖拉机及驾驶员安全监理规定》同时废止。

拖拉机驾驶证申领和使用规定

中华人民共和国农业部令

2010年第11号

《农业部关于修订部分规章的决定》已于2010年11月19日经农业部第10次常务会议审议通过，现予公布，自公布之日起施行。

农业部部长

二○一○年十一月二十六日

（2004年9月6日中华人民共和国农业部令第42号发布；根据2010年11月19日农业部第10次常务会议通过的《农业部关于修订部分规章的决定》修订）

第一章　总　则

第一条　为规范拖拉机驾驶证的申领和使用，根据《中华人民共和国农业机械化促进法》、《中华人民共和国道路交通安全法》和《农业机械安全监督管理条例》等有关法律、法规，制定本规定。

第二条　本规定由农业（农业机械）主管部门负责实施。

直辖市农业（农业机械）主管部门农机安全监理机构、设区的市或者相当于同级的农业（农业机械）主管部门农机安全监理机构（以下简称“农机监理机构”）负责办理本行政辖区内拖拉机驾驶证业务。

县级农业（农业机械）主管部门农机安全监理机构在上级农业（农业机械）主管部门农机安全监理机构的指导下，承办拖拉机驾驶证申请的受理、审查和考试等具体工作。

第三条 农机监理机构办理拖拉机驾驶证业务，应当遵循公开、公正、便民的原则。

第四条 农机监理机构办理拖拉机驾驶证业务，应当依法受理申请人的申请，审核申请人提交的资料，对符合条件的，按照规定程序和期限办理拖拉机驾驶证。

申领拖拉机驾驶证的人，应当如实向农机监理机构提交规定的有关资料，如实申告规定事项。

第五条 农机监理机构应当使用拖拉机驾驶证计算机管理系统核发、打印拖拉机驾驶证。

拖拉机驾驶证计算机管理系统的数据库标准和软件全国统一，能够完整、准确地记录和存储申请受理、科目考试、拖拉机驾驶证核发等全过程和经办人员信息，并能够及时将有关信息传送到全国农机监理信息系统。

第二章 拖拉机驾驶证的申领

第一节 拖拉机驾驶证

第六条 拖拉机驾驶证记载和签注以下内容：

（一）拖拉机驾驶人信息：姓名、性别、出生日期、住址、身份证明号码（拖拉机驾驶证号码）、照片；

（二）农机监理机构签注内容：初次领证日期、准驾机型代号、有效期起始日期、有效期限、核发机关印章、档案编号。

第七条 拖拉机驾驶人准予驾驶的机型分为：

（一）大中型拖拉机（发动机功率在 14.7 千瓦以上），驾驶证准驾机型代号为“G”；

（二）小型方向盘式拖拉机（发动机功率不足 14.7 千瓦），驾驶证准驾机型代号为“H”；

（三）手扶式拖拉机，驾驶证准驾机型代号为“K”。

第八条 持有准驾大中型拖拉机驾驶证的，准许驾驶大中型拖拉机、小型方向盘式拖拉机；持有准驾小型方向盘式拖拉机驾驶证的，只准许驾驶小型方向盘式拖拉机；持有准驾手扶式拖拉机驾驶证的，只准许驾驶手扶式拖拉机。

第九条 拖拉机驾驶证有效期分为 6 年、10 年和长期。

拖拉机驾驶人初次获得拖拉机驾驶证后的 12 个月为实习期。

第二节 申请条件

第十条 申请拖拉机驾驶证的人，应当符合下列规定：

（一）年龄：18 周岁以上，60 周岁以下；

（二）身高：不低于 150 厘米；

（三）视力：两眼裸视力或者矫正视力达到对数视力表 4.9 以上；

（四）辨色力：无红绿色盲；

（五）听力：两耳分别距音叉 50 厘米能辨别声源方向；

（六）上肢：双手拇指健全，每只手其他手指必须有 3 指健全，肢体和手指运动功能正常；

（七）下肢：运动功能正常。下肢不等长度不得大于5厘米；

（八）躯干、颈部：无运动功能障碍。

第十一条 有下列情形之一的，不得申请拖拉机驾驶证：

（一）有器质性心脏病、癫痫、美尼尔氏症、眩晕症、癔病、震颤麻痹、精神病、痴呆以及影响肢体活动的神经系统疾病等妨碍安全驾驶疾病的；

（二）吸食、注射毒品，长期服用依赖性精神药品成瘾尚未戒除的；

（三）吊销拖拉机驾驶证或者机动车驾驶证未满2年的；

（四）造成交通事故后逃逸被吊销拖拉机驾驶证或者机动车驾驶证的；

（五）驾驶许可依法被撤销未满3年的；

（六）法律、行政法规规定的其他情形。

第三节 申请、考试和发证

第十二条 初次申领拖拉机驾驶证，应当向户籍地或者暂住地农机监理机构提出申请，填写《拖拉机驾驶证申请表》，并提交以下证明：

（一）申请人的身份证明及其复印件；

（二）县级或者部队团级以上医疗机构出具的有关身体条件的证明。

第十三条 申请增加准驾机型的，应当向所持拖拉机驾驶证核发地农机监理机构提出申请，除填写《拖拉机驾驶证申请表》，提交第十二条规定的证明外，还应当提交所持拖拉机驾驶证。

第十四条 农机监理机构对符合拖拉机驾驶证申请条件的，应当受理，并在申请人预约考试后30日内安排考试。

第十五条 拖拉机驾驶人考试科目分为：

（一）科目一：道路交通安全、农机安全法律法规和机械常识、操作规程等相关知识考试；

（二）科目二：场地驾驶技能考试；

（三）科目三：挂接机具和田间作业技能考试；

（四）科目四：道路驾驶技能考试。

第十六条 考试顺序按照科目一、科目二、科目三、科目四依次进行，前一科目考试合格后，方准参加后一科目考试。其中科目三的挂接机具和田间作业技能考试，可根据机型实际选考1项。

第十七条 考试科目内容和合格标准全国统一。其中，科目一考试试题库的结构和基本题型由农业部制定，省级农机监理机构可结合本地实际情况建立本省（自治区、直辖市）的考试题库。

第十八条 初次申请拖拉机驾驶证或者申请增加准驾机型的，科目一考试合格后，农机监理机构应当在2个工作日内核发拖拉机驾驶技能准考证明。

拖拉机驾驶技能准考证明的有效期为2年。申领人应当在有效期内完成科目二、科目三、科目四考试。

第十九条 初次申请拖拉机驾驶证或者申请增加准驾机型的，申请人在取得拖拉机驾驶技能准考证明后预约科目二、科目三和科目四考试。

第二十条 每个科目考试1次，可以补考1次。补考仍不合格的，本科目考试终止。申请人可以重新申请考试，但科目二、科目三和科目四的考试日期应当在10日后预约。

在拖拉机驾驶技能准考证明有效期内，已考试合格的科目成绩有效。

第二十一条 增考项目

（一）持有准驾大中型拖拉机或小型方向盘式拖拉机驾驶证申请增驾手扶式拖拉机的，考试项目为：科目二、科目四；

（二）持有准驾小型方向盘式拖拉机驾驶证申请增驾大中型拖拉机的，考试项目为：科目三、科目四；

（三）持有准驾手扶式拖拉机驾驶证申请增驾大中型拖拉机或小型方向盘式拖拉机的，考试项目为：科目二、科目三、科目四。

增考的考试方法和评分标准与初考相同。

第二十二条 初次申请拖拉机驾驶证或者申请增加准驾机型的申请人全部考试科目合格后，农机监理机构应当在2个工作日内核发拖拉机驾驶证。获准增加准驾机型的，应当收回原拖拉机驾驶证。

第二十三条 各考试科目结果应当公布，并出示成绩单。成绩单应当有考试员的签名，未签名的不得核发拖拉机驾驶证。

考试不合格的，应当说明不合格原因。

第二十四条 申请人在考试过程中有舞弊行为的，取消本次考试资格，已经通过考试的其他科目成绩无效。

第三章　换证、补证和注销

第二十五条　拖拉机驾驶人应当于拖拉机驾驶证有效期满前90日内，向拖拉机驾驶证核发地农机监理机构申请换证。申请换证时应当填写《拖拉机驾驶证申请表》，并提交以下证明、凭证：

（一）拖拉机驾驶人的身份证明及其复印件；

（二）拖拉机驾驶证；

（三）县级或者部队团级以上医疗机构出具的有关身体条件的证明。

第二十六条　拖拉机驾驶人户籍迁出驾驶证核发地农机监理机构管辖区的，应当向迁入地农机监理机构申请换证；拖拉机驾驶人在驾驶证核发地农机监理机构管辖区以外居住的，可以向居住地农机监理机构申请换证。

申请换证时应当向驾驶证核发地农机监理机构提取档案资料，转送申请换证地农机监理机构，并填写《拖拉机驾驶证申请表》，提交拖拉机驾驶人的身份证明和拖拉机驾驶证。

第二十七条　有下列情形之一的，拖拉机驾驶人应当在30日内到拖拉机驾驶证核发地农机监理机构申请换证：

（一）在农机监理机构管辖区域内，拖拉机驾驶证记载的拖拉机驾驶人信息发生变化的；

（二）拖拉机驾驶证损毁无法辨认的。

申请时应当填写《拖拉机驾驶证申请表》，并提交拖拉机驾驶人的身份证明和拖拉机驾驶证。

第二十八条　农机监理机构对符合第二十五条、第二十六条、第二十七条规定的，应当在 2 个工作日内换发拖拉机驾驶证；对符合第二十六条、第二十七条规定的，还应当收回原拖拉机驾驶证。

第二十九条 拖拉机驾驶证遗失的，驾驶人应当向拖拉机驾驶证核发地农机监理机构申请补发。申请时应当填写《拖拉机驾驶证申请表》，并提交以下证明、凭证：

（一）拖拉机驾驶人的身份证明；

（二）拖拉机驾驶证遗失的书面声明。

符合规定的，农机监理机构应当在 2 个工作日内补发拖拉机驾驶证。

第三十条 拖拉机驾驶人可以委托代理人办理拖拉机驾驶证的换证、补证业务。代理人申请办理拖拉机驾驶证业务时，应当提交代理人的身份证明和拖拉机驾驶人与代理人共同签字的《拖拉机驾驶证申请表》。

农机监理机构应当记载代理人的姓名、单位名称、身份证明名称、身份证明号码、住所地址、邮政编码、联系电话。

第三十一条 拖拉机驾驶人有下列情形之一的，农机监理机构应当注销其拖拉机驾驶证：

（一）死亡的；

（二）身体条件不适合驾驶拖拉机的；

（三）提出注销申请的；

（四）丧失民事行为能力，监护人提出注销申请的；

（五）超过拖拉机驾驶证有效期 1 年以上未换证的；

（六）年龄在 60 周岁以上，2 年内未提交身体条件证明的；

（七）年龄在 70 周岁以上的；

（八）拖拉机驾驶证依法被吊销或者驾驶许可依法被撤销的。

有前款第（五）项至第（八）项情形之一，未收回拖拉机驾驶证的，应当公告拖拉机驾驶证作废。

第四章 审 验

第三十二条 拖拉机驾驶人在一个记分周期内累积记分达到12分的，农机监理机构接到公安机关交通管理部门通报后，应当通知拖拉机驾驶人在15日内到拖拉机驾驶证核发地农机监理机构接受为期7日的道路交通安全法律、法规和相关知识的教育。拖拉机驾驶人接受教育后，农机监理机构应当在20日内对其进行科目一考试。

拖拉机驾驶人在一个记分周期内两次以上达到12分的，农机监理机构还应当在科目一考试合格后10日内对其进行科目四考试。

第三十三条 拖拉机驾驶人在拖拉机驾驶证的6年有效期内，每个记分周期均未达到12分的，换发10年有效期的拖拉机驾驶证；在拖拉机驾驶证的10年有效期内，每个记分周期均未达到12分的，换发长期有效的拖拉机驾驶证。

换发拖拉机驾驶证时，农机监理机构应当对拖拉机驾驶证进行审验。

第三十四条 拖拉机驾驶人年龄在60周岁以上的，应当每年进行1次身体检查，按拖拉机驾驶证初次领取月的日期，30日内提交县级或者部队团级以上医疗机构出具的有关身体条件的证明。

身体条件合格的，农机监理机构应当签注驾驶证。

第五章　附　则

第三十五条　拖拉机驾驶证的式样、规格与中华人民共和国公共安全行业标准《中华人民共和国机动车驾驶证》一致，按照中华人民共和国农业行业标准《中华人民共和国拖拉机驾驶证》执行。

拖拉机驾驶技能准考证明的式样由农业部规定。

第三十六条　本规定下列用语的含义：

（一）居民的身份证明，是《居民身份证》；在暂住地居住的居民的身份证明，是《居民身份证》和公安机关核发的居住、暂住证明；

（二）居民的住址，是指《居民身份证》记载的住址；

（三）本规定所称“以上”、“以下”均包括本数在内。

第三十七条　本规定自 2004 年 10 月 1 日起施行。

联合收割机及驾驶人安全监理规定

（2006 年 11 月 2 日农业部令第 72 号发布；根据 2010 年 11 月 19 日农业部第 10 次常务会议通过的《农业部关于修订部分规章的决定》修订）

第一章　总　则

第一条　为加强对联合收割机及驾驶人的安全监督管理，保障人民生命和财产安全，促进农业生产发展，根据《农业机械安全监督管理条例》，制定本规定。

第二条　本规定所称联合收割机，是指各类自走式联合收割机和悬挂式联合收割机。

拥有、使用联合收割机的单位和个人应当遵守本规定。

第三条　县级以上人民政府农业机械化主管部门负责联合收割机及驾驶人的安全监理工作。

直辖市农业机械化主管部门农机安全监理机构、设区的市或者相当于同级的农业机械化主管部门农机安全监理机构（以下简称“农机监理机构”）承担本行政区域内联合收割机登记和驾驶证核发等工作。

县级农机监理机构承办联合收割机登记申请的受理、联合收割机检验及驾驶证申请的受理、审查和考试等具体工作。

第四条　联合收割机及驾驶人安全监理工作，应当坚持安全第一、预防为主、综合治理的方针，遵循公开、公正、便民的原则。

第五条 县级以上人民政府农业机械化主管部门及农机监理机构应当加强联合收割机安全生产的法律、法规和安全知识的宣传教育。

农业生产经营组织应当对联合收割机驾驶操作及相关人员进行安全教育，提高安全生产意识。

第二章 登记注册

第六条 联合收割机应当经农机监理机构登记并领取号牌、行驶证后，方可投入使用。

联合收割机登记机型分为：

（一）方向盘自走式联合收割机；

（二）操纵杆自走式联合收割机。

悬挂式联合收割机配套的拖拉机已领有号牌、行驶证的，持有效的拖拉机号牌、行驶证准予投入使用。

第七条 初次申领联合收割机号牌、行驶证的，应当取得农机监理机构的安全技术检验合格证明。

联合收割机的安全技术检验按照国家相关标准执行。

第八条 联合收割机所有人应当向住所地的农机监理机构申请注册登记，提交下列材料：

（一）联合收割机登记申请表；

（二）所有人身份证明；

（三）联合收割机来历凭证；

（四）产品合格证明；

（五）安全技术检验合格证明。

农机监理机构应当自受理之日起 2 个工作日内，确认联合收割机的类型、厂牌型号、颜色、发动机号码、机身号码，核对发动机号码和机身号码的拓印膜，审查提交的证明、凭证，符合条件的，核发联合收割机号牌和行驶证。不符合条件的，不予登记，并书面通知申请人，说明理由。

第九条 有下列情形之一的，应当向登记地农机监理机构申请变更登记：

（一）改变机身颜色的；

（二）更换发动机的；

（三）因质量有问题，制造厂更换整机的。

申请变更登记，应当提交下列材料：

（一）联合收割机变更登记申请表；

（二）所有人身份证明；

（三）行驶证；

（四）更换的发动机或者整机的来历凭证，以及联合收割机安全技术检验合格证明。

农机监理机构应当自受理之日起 2 个工作日内查验相关证明，收回原行驶证，重新核发行驶证。

第十条 联合收割机所有人住所迁出农机监理机构管辖区域的，应当向登记地农机监理机构申请变更登记，并提交行驶证和身份证明。迁出地农机监理机构应当自受理之日起 2 个工作日内核发临时行驶号牌，收回原号牌、行驶证，将档案密封交所有人。

联合收割机所有人应当携带档案，于 90 日内到迁入地农机监理机构申请转入，并提交身份证明，交验联合收割机。迁入地农机监理机构应当自受理之日起 2 个工作日内重新核发号牌、行驶证。

第十一条 联合收割机所有权发生转移的，应当向登记地的农机监理机构申请转移登记，交验联合收割机，提交以下材料：

（一）联合收割机转移登记申请表；

（二）所有人身份证明；

（三）所有权转移的证明、凭证；

（四）行驶证。

农机监理机构应当自受理之日起2个工作日内办理转移手续。转移后的联合收割机所有人住所在原登记地农机监理机构管辖区内的，收回原行驶证，核发新行驶证；转移后的联合收割机所有人住所不在原登记地农机监理机构管辖区内的，按照本规定第十条办理。

第十二条 联合收割机报废或者灭失的，应当向登记地的农机监理机构申请注销登记，提交身份证明，并交回号牌、行驶证。无法交回号牌、行驶证的，由农机监理机构公告作废。

第十三条 登记的联合收割机应当每年进行1次安全技术检验。安全技术检验合格的，农机监理机构应当在联合收割机行驶证上签注检验合格记录。

联合收割机因故不能在登记地检验的，所有人可以向登记地农机监理机构申请委托检验。

未参加年度检验或者年度检验不合格的联合收割机，不得继续使用。

第十四条 联合收割机号牌、行驶证灭失、丢失或者损毁申请补领、换领的，所有人应当向登记地农机监理机构提交申请表、身份证明和相关证明材料。

经审查，属于补发、换发号牌的，农机监理机构应当自收到申请之日起15日内补、换发；属于补发、换发行驶证的，自收到申请之日起1日内补、换发。

办理补发、换发联合收割机号牌期间，应当给所有人核发临时行驶号牌。补发、换发联合收割机号牌或者行驶证后，应当收回未灭失、丢失或者损坏的号牌或者行驶证。

第十五条 联合收割机所有人可以委托代理人代理申请联合收割机登记等相关业务。代理人申请时，应当提交代理人的身份证明和所有人与代理人共同签字的申请表。

第三章 驾驶证申领和使用

第十六条 联合收割机驾驶人应当经农机监理机构考试合格，领取联合收割机驾驶证。

联合收割机驾驶证准予驾驶的机型分为：

（一）方向盘自走式联合收割机，代号为“R”；

（二）操纵杆自走式联合收割机，代号为“S”；

（三）悬挂式联合收割机，代号为“T”。

第十七条 申请联合收割机驾驶证，应当符合下列规定：

（一）年龄：18周岁以上，60周岁以下；

（二）身高：不低于150厘米；

（三）视力：两眼裸视力或者矫正视力达到对数视力表4.9以上；

（四）辨色力：无红绿色盲；

（五）听力：两耳分别距音叉50厘米能辨别声源方向；

（六）上肢：双手拇指健全，每只手其他手指必须有3指健全，肢体和手指运动功能正常；

（七）下肢：运动功能正常，下肢不等长度不得大于5厘米；

（八）躯干、颈部：无运动功能障碍。

第十八条 有下列情形之一的，不得申请联合收割机驾驶证：

（一）有器质性心脏病、癫痫、美尼尔氏症、眩晕症、癔病、震颤麻痹、精神病、痴呆以及影响肢体活动的神经系统疾病等妨碍安全驾驶疾病的；

（二）吸食、注射毒品，长期服用依赖性精神药品成瘾尚未戒除的；

（三）吊销拖拉机或者机动车驾驶证未满2年的；

（四）造成交通事故后逃逸被吊销拖拉机或者机动车驾驶证的；

（五）驾驶许可依法被撤销未满3年的；

（六）法律、行政法规规定的其他情形。

第十九条 初次申领联合收割机驾驶证，应当向户籍地或者暂住地农机监理机构提出申请，提交以下材料：

（一）联合收割机驾驶证申请表；

（二）身份证明；

（三）县级或者部队团级以上医疗机构出具的有关身体条件证明。

第二十条 申请增加准驾机型的，应当向所持联合收割机驾驶证核发地农机监理机构提交第十九条规定的材料及联合收割机驾驶证。

第二十一条 联合收割机驾驶人考试科目分为：

（一）科目一：理论知识考试；

（二）科目二：场地驾驶技能考试；

（三）科目三：田间（模拟）作业驾驶技能考试；

（四）科目四：方向盘自走式联合收割机道路驾驶技能考试。

考试科目内容和合格标准全国统一。其中，科目一考试题库的结构和基本题型由农业部制定，省级农机监理机构可结合本地实际情况建立本省（自治区、直辖市）的考试题库。

第二十二条 农机监理机构对符合联合收割机驾驶证申请条件的，在申请人预约后 30 日内安排考试。考试顺序按照科目一、科目二、科目三、科目四依次进行，前一科目考试合格后，方可参加后一科目考试。

第二十三条 初次申请联合收割机驾驶证或者申请增加准驾机型的，科目一考试合格后，农机监理机构应当在 2 个工作日内核发驾驶技能准考证明。

驾驶技能准考证明的有效期为 2 年。申领人应当在有效期内完成科目二、科目三、科目四考试。

第二十四条 每个科目考试一次，可以补考一次。补考仍不合格的，本科目考试终止，申请人可以重新申请考试，但科目二、科目三、科目四的考试日期应当在 10 日后预约。

驾驶技能准考证明有效期内，考试合格的科目成绩有效。

第二十五条 申请增加准驾机型驾驶技能考试项目：

（一）持有准驾大中型拖拉机驾驶证申请增驾方向盘自走式

或者悬挂式联合收割机的，考试项目为科目三；

（二）持有准驾悬挂式联合收割机驾驶证申请增驾方向盘自走式联合收割机的，考试项目为科目三；

（三）持有准驾大中型拖拉机、小型方向盘式拖拉机、手扶式拖拉机或者方向盘自走式联合收割机驾驶证申请增驾操纵杆自走式联合收割机的，考试项目为科目二、三；

（四）持有准驾小型方向盘式拖拉机、手扶式拖拉机或者操纵杆自走式联合收割机驾驶证申请增驾方向盘自走式联合收割机的，考试项目为科目二、三、四；

增驾的考试方法和评分标准与初考相同。

初次申领或者申请增驾悬挂式联合收割机驾驶证的，应当取得大中型拖拉机驾驶证。

第二十六条 考试成绩应当由考试员签名，并书面告知申请人。考试不合格的，应当说明理由。

第二十七条 申请人考试舞弊的，取消本次考试资格，已经通过考试的其他科目成绩无效。

第二十八条 申请人全部考试科目合格后，农机监理机构应当在2个工作日内核发联合收割机驾驶证。准予增加准驾机型的，应当收回原驾驶证。

第二十九条 联合收割机驾驶证有效期为6年。驾驶人应当于驾驶证有效期满前90日内，向驾驶证核发地农机监理机构提交以下材料，申请换证：

（一）联合收割机驾驶证申请表；

（二）身份证明；

（三）驾驶证；

（四）县级或者部队团级以上医疗机构出具的有关身体条件的证明。

农机监理机构应当对驾驶证进行审验，合格的，自受理之日起 2 个工作日内予以换发；不予换发的，应当书面通知申请人，说明理由。

第三十条 驾驶人年龄在 60 周岁以上的，应当每年进行 1 次身体检查，按照驾驶证初次领取月的日期，30 日内提交县级或者部队团级以上医疗机构出具的有关身体条件的证明。

身体条件合格的，农机监理机构应当签注驾驶证。

第三十一条 驾驶人户籍迁出驾驶证核发地农机监理机构管辖区的，应当向迁入地农机监理机构申请换证；驾驶人在驾驶证核发地农机监理机构管辖区以外居住的，可以向居住地农机监理机构申请换证。

申请换证时，申请人应当向驾驶证核发地农机监理机构提取档案资料，转送换证地农机监理机构，并提交申请表、身份证明和驾驶证。

第三十二条 联合收割机驾驶证记载的内容变化、损毁无法辨认或者遗失的，应当申请换发或者补发驾驶证。申请时，应当提交申请表和身份证明；遗失的，还应当提交遗失的书面声明。

农机监理机构经对驾驶人的违章和事故情况审查，符合条件的，应当在 2 个工作日内换发驾驶证，并收回原驾驶证。

第三十三条 驾驶人有下列情形之一的，农机监理机构应当注销其驾驶证：

（一）申请注销的；

（二）丧失民事行为能力，监护人提出注销申请的；

（三）死亡的；

（四）身体条件不适合驾驶联合收割机的；

（五）驾驶证有效期超过 1 年以上未换证的；

（六）年龄在 60 周岁以上，2 年内未提交身体条件证明的；

（七）年龄在 70 周岁以上的；

（八）驾驶证依法被吊销或者驾驶许可依法被撤销的。

有前款情形之一，未收回驾驶证的，应当公告驾驶证作废。

第四章　作业安全

第三十四条　联合收割机号牌应当分别安装在联合收割机前、后端明显位置。

第三十五条　联合收割机的传动和危险部位应有牢固可靠的安全防护装置，并有明显的安全警示标志。

第三十六条　联合收割机驾驶室不得超员，不得放置妨碍安全驾驶的物品，与作业有关的人员必须乘坐在规定的位置。

第三十七条　联合收割机启动前，应当将变速杆、动力输出轴操纵手柄置于空挡位置；起步时，应当鸣号或者发出信号，提醒有关作业人员注意安全。

第三十八条　联合收割机上、下坡不得曲线行驶、急转弯和横坡掉头；下陡坡不得空挡、熄火或分离离合器滑行；必须在坡路停留时，应当采取可靠的防滑措施。

第三十九条　联合收割机应当在停机或切断动力后保养、清除杂物和排除故障。禁止在排除故障时起动发动机或接合动力挡。禁止在未停机时直接将手伸入出粮口或排草口排除堵塞。

第四十条 联合收割机应当配备有效的消防器材，夜间作业照明设备应当齐全有效。

联合收割机作业区严禁烟火。检查和添加燃油及排除故障时，不得用明火照明。

第四十一条 与悬挂式联合收割机配套的拖拉机作业时，发动机排气管应当安装火星收集器，并按规定清理积炭。

第四十二条 联合收割机在道路行驶或转移时，应当遵守道路交通安全法律、法规，服从交通警察的指挥，并将左、右制动板锁住，收割台提升到最高位置并予以锁定，不得在起伏不平的路上高速行驶。

第四十三条 联合收割机不得牵引其他机械，不得用集草箱运载货物。

第四十四条 联合收割机停机后，应当切断作业离合器，锁定停车制动装置，收割台放到可靠的支承物上。

第四十五条 联合收割机驾驶人不得有下列行为：

（一）未携带驾驶证和行驶证驾驶联合收割机；

（二）转借、涂改或伪造驾驶证和行驶证；

（三）将联合收割机交由未取得联合收割机驾驶证或者驾驶证准驾机型不相符合的人驾驶；

（四）驾驶未按规定检验或检验不合格的联合收割机；

（五）饮酒后驾驶联合收割机；

（六）驾驶安全设施不全或机件失效的联合收割机；

（七）在服用国家管制的精神药品或者麻醉品、患有妨碍安全驾驶疾病或过度疲劳时驾驶联合收割机；

（八）驾驶联合收割机时离开驾驶室；

（九）在作业区内躺卧或搭载不满十六周岁的未成年人上机作业；

（十）其他违反联合收割机安全管理规定的行为。

第四十六条 县级人民政府农业机械化主管部门应当对参加跨区作业的联合收割机驾驶操作人员进行安全教育，并免费发放跨区作业证。

第五章 附 则

第四十七条 联合收割机号牌、行驶证、驾驶证的式样和规格按农业行业标准执行。驾驶技能准考证明、相关表格的式样和规格由农业部规定。

联合收割机行驶证和驾驶证应当使用计算机管理系统核发、打印。

第四十八条 本规定自 2007 年 5 月 1 日起施行，1999 年 4 月 30 日农业部发布的《联合收割机及驾驶员安全监理规定》（农业部令第 10 号）同时废止。

联合收割机跨区作业管理办法

中华人民共和国农业部令

第29号

《联合收割机跨区作业管理办法》业经2003年6月26日农业部第17次常务会议审议通过，现予发布，自2003年9月1日起施行。

农业部部长

二〇〇三年七月四日

第一章 总 则

第一条 为了加强联合收割机跨区作业管理，规范跨区作业市场秩序，维护参与跨区作业各方的合法权益，保证农作物适时收获，促进农民增收和农业现代化建设，根据《中华人民共和国农业法》等有关法律法规，制定本办法。

第二条 本办法所称联合收割机跨区作业（以下简称跨区作业），是指驾驶操作各类联合收割机跨越县级以上行政区域（邻县除外）进行小麦、水稻、玉米等农作物收获作业的活动。

本办法所称跨区作业中介服务组织，是指组织联合收割机外出作业或者引进联合收割机作业的单位。

第三条 从事跨区作业的联合收割机驾驶员、辅助作业人员以及与跨区作业活动有关的单位和个人，应当遵守本办法。

第四条 县级以上农机管理部门负责本辖区内跨区作业的组织、协调和监督管理。

第五条 各级农机管理部门要遵循公正、公开、规范、方便的原则，建立统一开放、竞争有序的跨区作业市场。

第六条 各级农机管理部门应当在本级人民政府统一领导下，会同公安、交通、物价、工商等有关部门，依法采取有效措施，保障跨区作业顺利进行。

第二章 中介服务组织

第七条 鼓励和扶持农机推广站、乡镇农机站、农机作业服务公司、农机合作社、农机大户等组建跨区作业中介服务组织，开展跨区作业中介服务活动。

跨区作业中介服务组织经县级以上农机管理部门审核认定，取得跨区作业中介资格后，方可从事跨区作业中介服务。

第八条 跨区作业中介服务组织应当具备以下条件：

（一）遵守和执行国家及地方有关跨区作业的法律、法规、政策；

（二）能够独立承担民事责任；

（三）具有相应的交通、通讯等服务设备和技术服务人员。

第九条 跨区作业中介服务组织根据市场的需求，可以组建若干跨区作业队，组织联合收割机和驾驶员从事跨区作业。

跨区作业中介服务组织负责统一联系作业任务，保证联合收割机安全转移，及时协调解决作业纠纷，协助做好联合收割机的维修和油料供应等服务。

参加跨区作业队的联合收割机及驾驶员应服从跨区作业中

介服务组织的管理和调度。

第十条 跨区作业中介服务组织应当与联合收割机驾驶员签订中介服务合同，明确双方的权利和义务。

跨区作业中介服务组织收取的服务费，按照当地省级价格主管部门的规定执行。尚未制定服务费标准的，由跨区作业中介服务组织和联合收割机驾驶员按公平、自愿的原则商定。严禁只收费不服务或多收费少服务。

第十一条 跨区作业的供需双方应当签订跨区作业合同，合理确定引进或外出联合收割机的数量和作业任务。跨区作业合同签订后，应当分别报当地农机管理部门备案。

跨区作业合同一般包括以下内容：联合收割机数量和型号、作业地点、作业面积、作业价格、作业时间、双方权利和义务以及违约责任等。

第三章 跨区作业管理

第十二条 从事跨区作业的联合收割机，应由机主向当地县级以上农机管理部门申领《联合收割机跨区收获作业证》（以下简称《作业证》）。《作业证》实行免费发放，逐级向农业部登记备案。

第十三条 申领《作业证》的联合收割机应当具备以下条件：

（一）具有农机监理机构核发的有效号牌和行驶证；

（二）参加跨区作业队；

（三）省级农机管理部门规定的其他条件。

不得对没有参加跨区作业队的联合收割机发放《作业证》，

不得跨行政区域发放《作业证》。

第十四条 《作业证》由农业部统一制作，全国范围内使用，当年有效。《作业证》应随机携带，一机一证，严禁涂改、转借、伪造和倒卖。

第十五条 严禁没有明确作业地点、没有《作业证》的联合收割机盲目流动，扰乱跨区作业秩序。

第十六条 联合收割机驾驶员应熟练掌握联合收割机操作技能，熟悉基本农艺要求和作业质量标准，持有农机监理机构核发的有效驾驶证件。

第十七条 联合收割机驾驶员必须按照国家及地方有关农机作业质量标准或当事人双方约定的标准进行作业。

当事人双方对作业质量存在异议时，可申请作业地的县级以上农机管理部门协调解决。

第十八条 联合收割机及驾驶员、辅助作业人员应严格按照《联合收割机及驾驶员安全监理规定》的要求进行作业，防止农机事故发生，做到安全生产。跨区作业期间发生农机事故的，应当及时向当地农机管理部门报告，并接受调查和处理。

第十九条 任何单位和个人不得非法上路拦截过境的联合收割机，诱骗、强迫驾驶员进行收割作业。

第二十条 跨区作业队在公路上长距离转移时，要统一编队，合理安排路线，注意交通安全，遵守道路交通管理法规，服从交警指挥，自觉维护交通秩序。

第二十一条 各级农机管理部门应当建立安全生产检查制度，加强安全生产宣传教育，纠正和处理违章作业，维护正常的跨区作业秩序。

第四章 跨区作业服务

第二十二条 县级农机管理部门应根据农时季节在本县范围内设立跨区作业接待服务站，公布联系方式和工作规范，掌握进入本辖区联合收割机的数量和作业任务，做好有关接待和服务工作，保障外来跨区作业队的安全和合法权益。

第二十三条 各级农机管理部门负责组织协调有关单位做好联合收割机的维修和零配件、油料的供应工作，严禁假冒伪劣的农机零配件和油料进入市场。

第二十四条 各级农机管理部门应当建立跨区作业信息服务网络，建立跨区作业信息搜集、整理和发布制度，及时向农民、驾驶员和跨区作业中介服务组织等提供真实、有效的信息。

第二十五条 县级农机管理部门负责对本辖区内的跨区作业信息进行调查和统计，逐级报农业部。

跨区作业信息包括农作物种植面积、收获时间、计划外出（引进）联合收割机数量、作业参考价格、农作物收获进度、农机管理部门的服务电话等内容。

第二十六条 全国跨区作业信息由农业部在中国农业机械化信息网和有关新闻媒体上发布。地方跨区作业信息由当地农机管理部门负责发布。

第二十七条 各级农机管理部门应当设立跨区作业服务热线电话，确定专人负责，接受农民、驾驶员的信息咨询和投诉。

第五章 奖励与处罚

第二十八条 各级农机管理部门对在跨区作业的组织、管理和服务工作中做出显著贡献的有关单位和个人，给予表彰和奖励。

第二十九条 违反本办法第七条第二款规定，没有取得跨区作业中介资格从事跨区作业中介服务的，由县级以上农机管理部门给予警告，可并处500元以上1000元以下的罚款。

违反本办法第十条规定，跨区作业中介服务组织没有兑现服务承诺的，由县级以上农机管理部门责令退还服务费；违反有关收费标准的，由县级以上农机管理部门配合价格主管部门依法予以查处。

第三十条 违反本办法第十三条规定，违规发放《作业证》的，由上级农机管理部门责令停止违法行为，给予通报批评；情节严重的，对直接负责的主管人员和其他直接责任人员，可以依法给予行政处分。

第三十一条 违反本办法第十四条、第十五条规定，持假冒《作业证》或扰乱跨区作业秩序的，由县级以上农机管理部门责令停止违法行为，纳入当地农机管理部门统一管理，可并处50元以上100元以下的罚款；情节严重的，可并处100元以上200元以下的罚款。

第三十二条 违反本办法第十九条规定，非法上路拦截过境联合收割机及驾驶员的，由事件发生地的农机管理部门采用说服教育的方式予以制止。砸抢机车、拦劫敲诈驾驶员的，移送公安机关依法惩处。

第六章 附 则

第三十三条 外资企业、中外合资经营企业在我国境内成立跨区作业中介服务组织，从事跨区作业中介服务活动，需要经过省级农机管理部门审核认定。

第三十四条 各省、自治区、直辖市农机管理部门可以结合本地实际，制定本办法的实施细则。

组织其他农业机械从事跨区机耕、机播（机插）、机械化秸秆还田等作业的，参照本办法执行。

第三十五条 本办法由农业部负责解释。

第三十六条 本办法自 2003 年 9 月 1 日起施行。农业部 2000 年 4 月 3 日发布的《联合收割机跨区作业管理暂行办法》同时废止。

关于做好农机跨区作业工作的意见

农机发〔2007〕13号

各省、自治区、直辖市发改委、公安、交通、农机厅（局），中国石油天集团公司各企事业单位、中国石油化工股份有限公司各省区市石油分公司：

1997年以来，各级发展改革、价格、公安、交通、石油、石化和农业等相关部门紧密配合，加强管理，强化服务，共同组织开展跨区机收小麦工作，取得了显著成效。联合收割机的保有量由1997年的14.1万台增加到2006年的56.7万台，小麦机收水平由1997年的54.8%增加到2006年的78.3%，基本实现了小麦生产机械化，带动了全国农业机械化的发展。“十五”以来，全国参加跨区作业的联合收割机数量累计达到110多万台，完成作业面积6.5万千公顷，增加作业收入和减少农民支出累计达到800多亿元，大幅提升了我国农业机械化水平，促进了粮食增产、农业增效、农民增收和农业综合生产能力的提高。以小麦跨区机收为代表的农机跨区作业，受到了农民的广泛欢迎，得到了党中央、国务院的充分肯定。2007年中央1号文件要求提高农业机械化水平，加快粮食生产机械化进程，因地制宜地拓展农业机械化的作业和服务领域，在重点农时季节组织开展跨区域的机耕、机播、机收作业服务，对农机跨区作业提出了新的更高的要求。为贯彻落实中央1号文件精神，做好今后一个时期的农机跨区作业工作，现提出如下意见：

一、深化认识

发展现代农业是建设社会主义新农村的首要任务，农业机械化是建设现代农业的重要物质基础。广大农民在生产实践中探索出了以农机跨区作业为代表的农机社会化服务模式。通过农机跨区作业，提高农业机械的利用率，把分散的农业机械与分散的农户紧密地联系起来，把机械化生产与家庭承包经营有机地结合起来，实现农业机械的共同利用，有效地配置农机资源，解决了千家万户小规模经营实现机械化的难题，加速了农业机械化的发展，对促进粮食丰产丰收和发展现代农业起到了巨大的推动作用。实践证明，以跨区作业为代表的农机社会化服务为我国找到了符合国情的农业机械化实现途径，探索出了一条有中国特色的农业机械化发展道路。推进农机跨区作业，是提高农业机械化水平、发展现代农业、推进社会主义新农村建设的必然要求。农机跨区作业涉及面广，部门联动是重要保证。各地要深化对农机跨区作业重要意义的认识，增强做好农机跨区作业工作的责任感、使命感，进一步密切部门配合，强化工作力度，部署好、组织好、服务好农机跨区作业，推动农机跨区作业由夏季向春秋两季扩展，由小麦向水稻、玉米等作物延伸，由机收向机耕、机插、机播等领域拓展，为发展现代农业、建设社会主义新农村，夺取全面建设小康社会新胜利做出贡献。

二、完善管理

坚持免费发放跨区作业证。进行跨区作业的联合收割机、运输联合收割机（包括插秧机）的车辆，凭跨区作业证免交车辆通行费。联合收割机、拖拉机可在除高速公路以外的道路上行驶。跨区作业证由农业部统一印制并编号，省农机、交通部门加盖公章，县级农机管理部门免费发放，一机一证，登记事项真实，一年内有效。申领跨区作业证的农业机械应具备合法有效的号牌、行驶证、年度检验合格标志（插秧机等凭拓印的“机器号”领取），技术状态完好。积极发挥农机专业合作组织、农机协会和农机大户等农机社会化服务组织的作用，组织联合收割机、拖拉机、插秧机等农业机械组队进行跨区作业，提高农机跨区作业的组织化程度。加强对中介组织和中介人的管理，严格从业资质，强化教育监督，提高从业水平，打击只收费不服务、多收费少服务的行为。做好部门间沟通协调，密切注意作业期间天气变化和作业市场供求状况，加强机具调度，强化作业市场的宏观引导与调控，推动机具合理有序流动。

三、优化服务

各地要切实做好服务工作，不断推动农机跨区作业健康发展。一是开展信息服务。充分发挥中国农机化信息网“跨区作业服务直通车”的作用，搭建供需交流平台。继续开展手机短信息服务，免费为机手提供有关的天气、供求、价格、交通等信息，促进农业机械有序流动，提高机手效益。重要农时季节期间，各地农机管理部门要公布24小时值班电话，随时为机手和农户提供咨询并解决问题。二是组织好检修服务。各地在作业前要组织农机专业技术人员指导农机手对机械进行检修和保养，对农机手和操作人员进行培训，确保农业机械以良好的技术状态投入生产。三是做好接待服务。主要作业季节，基层农机、交通、石油、石化等有关部门要协调配合，建立农机跨区作业接待服务站，做好机手接待、机具调度、作业安排、维修、供油以及后勤服务等工作，及时向机手发放当地跨区作业工作资料，介绍作业价格、作业常识、维修供油服务网点、政策法规等相关资讯。四是开展技术服务。要加强农机维修和零配件供应网点的监管，组织做好农机维修、零配件供应等工作。农机管理部门、农机销售企业、生产厂家要适时抽调技术、工作人员，开展技术巡回指导、售后和“三包”服务，构筑技术服务保障线，保障农机跨区作业的顺利进行。五是做好作业信息统计。及时统计作业进度和了解工作动态，供各级领导和有关部门掌握农机跨区作业动态，快速有效的指导农机跨区作业工作。

四、保证供应

要充分认识保证农业用油供应对农业生产的重要性，切实做好农机作业期间的成品油供应工作。各地农机、发展改革部门和石油、石化销售企业要加强沟通协作，把握农业用油的需求特点，结合市场供需形势及经营计划安排，及时组织成品油资源，增加重要农时季节和用油集中地区的资源投放，保证农忙季节农机用油。要建立成品油快速调度和沟通机制，充分发挥石油、石化集团成品油供应主渠道的作用，积极主动开展支农、惠农、便农服务。有条件的地方要出台农忙时节农机加油优惠政策，支持农机跨区作业的发展。各级价格主管部门要强化价格监督检查，加强对农用燃油市场的监管力度，打击超出国家规定价格水平销售成品油，囤积居奇、哄抬成品油价格，以及短缺数量、抬级抬价、变相涨价等违法行为，维护农业用油市场稳定和价格秩序。

五、保障安全

农机跨区作业期间是农机事故的多发期。农机、公安等部门要制定应急预案，提高预防、控制农机跨区作业突发性事件的应急处理能力。各级农机管理部门要加强农机驾驶员和辅助作业人员的技术培训和安全生产教育，提高驾驶操作技术水平和安全生产意识。加强对农机跨区作业的安全生产督察，预防重特大事故发生。公安交通管理部门要对农机跨区作业期间的重点地区、重点路段加强管理，维护道路交通秩序，及时处理农机发生的道路交通事故。交通部门要加强公路养护巡查，保证路况良好、畅通。各地公安、农机部门对辖区内发生的作业纠纷、事故，接到报告后，要按照各自职责，及时赶赴现场协调处理。

六、加强领导

国家发改委、公安部、交通部、农业部和中国石油化工集团公司、中国石油天然气股份有限公司等“全国跨区机收小麦工作领导小组”成员单位，要紧密配合，通力协作，各司其职，加强对全国农机跨区作业的组织、实施和管理等工作。各级发展改革、价格、公安、交通、农机、石油、石化等部门要从促进农业生产、农村经济发展和维护农民利益出发，加强对农机跨区作业工作的领导。要紧紧围绕重要农时、重点作物和关键生产环节，建立沟通协调机制，定期召开联席会议，努力做好组织、协调、服务等各项保障工作。要在当地政府的领导下，制止随意上路拦机、截机行为，依法打击敲诈、抢劫机手等行为，维护好农机跨区作业市场秩序，协调解决好农机跨区作业中出现的问题，推进农机跨区作业组织管理工作上一个新的台阶。对跨区作业中好的经验和做法，要及时总结，做好宣传表彰工作。

农业部　国家发改委　公安部　交通部

中国石油化工股份有限公司　中国石油天然气集团公司

二〇〇七年九月二十四日

农业机械事故处理办法

中华人民共和国农业部令

2011年第2号

《农业机械事故处理办法》已于2010年12月30日经农业部第12次常务会议审议通过，现予公布，自2011年3月1日起施行。

农业部部长

二〇一一年一月十二日

第一章 总 则

第一条 为规范农业机械事故处理工作，维护农业机械安全生产秩序，保护农业机械事故当事人的合法权益，根据《农业机械安全监督管理条例》等法律、法规，制定本办法。

第二条 本办法所称农业机械事故（以下简称农机事故），是指农业机械在作业或转移等过程中造成人身伤亡、财产损失的事件。

农机事故分为特别重大农机事故、重大农机事故、较大农机事故和一般农机事故：

（一）特别重大农机事故，是指造成30人以上死亡，或者100人以上重伤的事故，或者1亿元以上直接经济损失的事故；

（二）重大农机事故，是指造成10人以上30人以下死亡，或者 50 人以上 100 人以下重伤的事故，或者 5000 万元以上 1 亿元以下直接经济损失的事故；

（三）较大农机事故，是指造成 3 人以上 10 人以下死亡，或者 10 人以上 50 人以下重伤的事故，或者 1000 万元以上 5000 万元以下直接经济损失的事故；

（四）一般农机事故，是指造成 3 人以下死亡，或者 10 人以下重伤，或者 1000 万元以下直接经济损失的事故。

第三条 县级以上地方人民政府农业机械化主管部门负责农业机械事故责任的认定和调解处理。

县级以上地方人民政府农业机械化主管部门所属的农业机械安全监督管理机构（以下简称农机安全监理机构）承担本辖区农机事故处理的具体工作。

法律、行政法规对农机事故的处理部门另有规定的，从其规定。

第四条 对特别重大、重大、较大农机事故，农业部、省级人民政府农业机械化主管部门和地（市）级人民政府农业机械化主管部门应当分别派员参与调查处理。

第五条 农机事故处理应当遵循公正、公开、便民、效率的原则。

第六条 农机安全监理机构应当按照农机事故处理规范化建设要求，配备必需的人员和事故勘查车辆、现场勘查设备、警示标志、取像设备、现场标划用具等装备。

县级以上地方人民政府农业机械化主管部门应当将农机事故处理装备建设和工作经费纳入本部门财政预算。

第七条 农机安全监理机构应当建立 24 小时值班制度，向社会公布值班电话，保持通讯畅通。

第八条 农机安全监理机构应当做好本辖区农机事故的报告工作，将农机事故情况及时、准确、完整地报送同级农业机械化主管部门和上级农机安全监理机构。

农业机械化主管部门应当定期将农业机械事故统计情况及说明材料报送上级农业机械化主管部门，并抄送同级安全生产监督管理部门。

任何单位和个人不得迟报、漏报、谎报或者瞒报农机事故。

第九条 农机安全监理机构应当建立健全农机事故档案管理制度，指定专人负责农机事故档案管理。

第二章 报案和受理

第十条 发生农机事故后，农机操作人员和现场其他人员应当立即停止农业机械作业或转移，保护现场，并向事故发生地县级农机安全监理机构报案；造成人身伤害的，还应当立即采取措施，抢救受伤人员；造成人员死亡的，还应当向事故发生地公安机关报案。因抢救受伤人员变动现场的，应当标明事故发生时机具和人员的位置。

发生农机事故，未造成人身伤亡，当事人对事实及成因无争议的，可以在就有关事项达成协议后即行撤离现场。

第十一条 发生农机事故后当事人逃逸的，农机事故现场目击者和其他知情人应当向事故发生地县级农机安全监理机构或公安机关举报。接到举报的农机安全监理机构应当协助公安机关开展追查工作。

第十二条 农机安全监理机构接到事故报案，应当记录下列内容：

（一）报案方式、报案时间、报案人姓名、联系方式，电话报案的还应当记录报案电话；

（二）农机事故发生的时间、地点；

（三）人员伤亡和财产损失情况；

（四）农业机械类型、号牌号码、装载物品等情况；

（五）是否存在肇事嫌疑人逃逸等情况。

第十三条 接到事故现场报案的，县级农机安全监理机构应当立即派人勘查现场，并自勘查现场之时起 24 小时内决定是否立案。

当事人未在事故现场报案，事故发生后请求农机安全监理机构处理的，农机安全监理机构应当按照本办法第十二条的规定予以记录，并在 3 日内作出是否立案的决定。

第十四条 经核查农机事故事实存在且在管辖范围内的，农机安全监理机构应当立案，并告知当事人。经核查无法证明农机事故事实存在，或不在管辖范围内的，不予立案，书面告知当事人并说明理由。

第十五条 农机安全监理机构对农机事故管辖权有争议的，应当报请共同的上级农机安全监理机构指定管辖。上级农机安全监理机构应当在 24 小时内作出决定，并通知争议各方。

第三章 勘查处理

第十六条 农机事故应当由 2 名以上农机事故处理员共同处理。农机事故处理员处理农机事故，应当佩戴统一标志，出示行政执法证件。

第十七条 农机事故处理员与事故当事人有利害关系、可能影响案件公正处理的，应当回避。

第十八条 农机事故处理员到达现场后，应当立即开展下列工作：

（一）组织抢救受伤人员；

（二）保护、勘查事故现场，拍摄现场照片，绘制现场图，采集、提取痕迹、物证，并制作现场勘查笔录；

（三）对涉及易燃、易爆、剧毒、易腐蚀等危险物品的农机事故，应当立即报告当地人民政府，并协助做好相关工作；

（四）对造成供电、通讯等设施损毁的农机事故，应当立即通知有关部门处理；

（五）确定农机事故当事人、肇事嫌疑人，查找证人，并制作询问笔录；

（六）登记和保护遗留物品。

第十九条 参加勘查的农机事故处理员、当事人或者见证人应当在现场图、勘查笔录和询问笔录上签名或捺印。当事人拒绝或者无法签名、捺印以及无见证人的，应当记录在案。

当事人应当如实陈述事故发生的经过，不得隐瞒。

第二十条 调查事故过程中，农机安全监理机构发现当事人涉嫌犯罪的，应当依法移送公安机关处理；对事故农业机械可以依照《中华人民共和国行政处罚法》的规定，先行登记保存。

发生农机事故后企图逃逸、拒不停止存在重大事故隐患农业机械的作业或者转移的，县级以上地方人民政府农业机械化主管部门可以依法扣押有关农业机械及证书、牌照、操作证件。

第二十一条 农机安全监理机构可以对事故农业机械进行检验，需要对事故当事人的生理、精神状况、人体损伤和事故农业机械行驶速度、痕迹等进行鉴定的，农机安全监理机构应当自现场勘查结束之日起3日内委托具有资质的鉴定机构进行鉴定。

当事人要求自行检验、鉴定的，农机安全监理机构应当向当事人介绍具有资质的检验、鉴定机构，由当事人自行选择。

第二十二条 农机事故处理员在现场勘查过程中，可以使用呼气式酒精测试仪或者唾液试纸，对农业机械操作人员进行酒精含量检测，检测结果应当在现场勘查笔录中载明。

发现当事人有饮酒或者服用国家管制的精神药品、麻醉药品嫌疑的，应当委托有资质的专门机构对当事人提取血样或者尿样，进行相关检测鉴定。检测鉴定结果应当书面告知当事人。

第二十三条 农机安全监理机构应当与检验、鉴定机构约定检验、鉴定的项目和完成的期限，约定的期限不得超过20日。超过20日的，应当报上一级农机安全监理机构批准，但最长不得超过60日。

第二十四条 农机安全监理机构应当自收到书面鉴定报告之日起2日内，将检验、鉴定报告复印件送达当事人。当事人对检验、鉴定报告有异议的，可以在收到检验、鉴定报告之日起3日内申请重新检验、鉴定。县级农机安全监理机构批准重新检验、鉴定的，应当另行委托检验、鉴定机构或者由原检验、鉴定机构另行指派鉴定人。重新检验、鉴定以一次为限。

第二十五条 发生农机事故，需要抢救治疗受伤人员的，抢救治疗费用由肇事嫌疑人和肇事农业机械所有人先行预付。

投保机动车交通事故责任强制保险的拖拉机发生事故，因抢救受伤人员需要保险公司依法支付抢救费用的，事故发生地农业机械化主管部门应当书面通知保险公司。抢救受伤人员需要道路交通事故社会救助基金垫付费用的，事故发生地农业机械化主管部门应当通知道路交通事故社会救助基金管理机构，并协助救助基金管理机构向事故责任人追偿。

第二十六条 农机事故造成人员死亡的，由急救、医疗机构或者法医出具死亡证明。尸体应当存放在殡葬服务单位或者有停尸条件的医疗机构。

对农机事故死者尸体进行检验的，应当通知死者家属或代理人到场。需解剖鉴定的，应当征得死者家属或所在单位的同意。

无法确定死亡人身份的，移交公安机关处理。

第四章 事故认定及复核

第二十七条 农机安全监理机构应当依据以下情况确定当事人的责任：

（一）因一方当事人的过错导致农机事故的，该方当事人承担全部责任；

（二）因两方或者两方以上当事人的过错发生农机事故的，根据其行为对事故发生的作用以及过错的严重程度，分别承担主要责任、同等责任和次要责任；

（三）各方均无导致农机事故的过错，属于意外事故的，各方均无责任；

（四）一方当事人故意造成事故的，他方无责任。

第二十八条 农机安全监理机构在进行事故认定前，应当对证据进行审查：

（一）证据是否是原件、原物，复印件、复制品与原件、原物是否相符；

（二）证据的形式、取证程序是否符合法律规定；

（三）证据的内容是否真实；

（四）证人或者提供证据的人与当事人有无利害关系。

符合规定的证据，可以作为农机事故认定的依据，不符合规定的，不予采信。

第二十九条 农机安全监理机构应当自现场勘查之日起 10 日内，作出农机事故认定，并制作农机事故认定书。对肇事逃逸案件，应当自查获肇事机械和操作人后 10 日内制作农机事故认定书。对需要进行鉴定的，应当自收到鉴定结论之日起 5 日内，制作农机事故认定书。

第三十条 农机事故认定书应当载明以下内容：

（一）事故当事人、农业机械、作业场所的基本情况；

（二）事故发生的基本事实；

（三）事故证据及事故成因分析；

（四）当事人的过错及责任或意外原因；

（五）当事人向农机安全监理机构申请复核、调解和直接向人民法院提起民事诉讼的权利、期限；

（六）作出农机事故认定的农机安全监理机构名称和农机事故认定日期。

农机事故认定书应当由事故处理员签名或盖章，加盖农机事故处理专用章，并在制作完成之日起 3 日内送达当事人。

第三十一条 逃逸农机事故肇事者未查获，农机事故受害一方当事人要求出具农机事故认定书的，农机安全监理机构应当在接到当事人的书面申请后10日内制作农机事故认定书，并送达当事人。农机事故认定书应当载明农机事故发生的时间、地点、受害人情况及调查得到的事实，有证据证明受害人有过错的，确定受害人的责任；无证据证明受害人有过错的，确定受害人无责任。

第三十二条 农机事故成因无法查清的，农机安全监理机构应当出具农机事故证明，载明农机事故发生的时间、地点、当事人情况及调查得到的事实，分别送达当事人。

第三十三条 当事人对农机事故认定有异议的，可以自农机事故认定书送达之日起3日内，向上一级农机安全监理机构提出书面复核申请。

复核申请应当载明复核请求及其理由和主要证据。

第三十四条 上一级农机安全监理机构应当自收到当事人书面复核申请后5日内，作出是否受理决定。任何一方当事人向人民法院提起诉讼并经法院受理的或案件已进入刑事诉讼程序的，复核申请不予受理，并书面通知当事人。

上一级农机安全监理机构受理复核申请的，应当书面通知各方当事人，并通知原办案单位5日内提交案件材料。

第三十五条 上一级农机安全监理机构自受理复核申请之日起30日内，对下列内容进行审查，并作出复核结论：

（一）农机事故事实是否清楚，证据是否确实充分，适用法律是否正确；

（二）农机事故责任划分是否公正；

（三）农机事故调查及认定程序是否合法。

复核原则上采取书面审查的办法，但是当事人提出要求或者农机安全监理机构认为有必要时，可以召集各方当事人到场听取意见。

复核期间，任何一方当事人就该事故向人民法院提起诉讼并经法院受理或案件已进入刑事诉讼程序的，农机安全监理机构应当终止复核。

第三十六条 上一级农机安全监理机构经复核认为农机事故认定符合规定的，应当作出维持农机事故认定的复核结论；经复核认为不符合规定的，应当作出撤销农机事故认定的复核结论，责令原办案单位重新调查、认定。

复核结论应当自作出之日起 3 日内送达当事人。

上一级农机安全监理机构复核以 1 次为限。

第三十七条 上一级农机安全监理机构作出责令重新认定的复核结论后，原办案单位应当在 10 日内依照本办法重新调查，重新制作编号不同的农机事故认定书，送达各方当事人，并报上一级农机安全监理机构备案。

第五章 赔偿调解

第三十八条 当事人对农机事故损害赔偿有争议的，可以在收到农机事故认定书或者上一级农机安全监理机构维持原农机事故认定的复核结论之日起 10 日内，共同向农机安全监理机构提出书面调解申请。

第三十九条 农机安全监理机构应当按照合法、公正、自愿、及时的原则，采取公开方式进行农机事故损害赔偿调解，但当事人一方要求不予公开的除外。

农机安全监理机构调解农机事故损害赔偿的期限为 10 日。对农机事故致死的，调解自办理丧葬事宜结束之日起开始；对农机事故致伤、致残的，调解自治疗终结或者定残之日起开始；对农机事故造成财产损失的，调解从确定损失之日起开始。

调解涉及保险赔偿的，农机安全监理机构应当提前 3 日将调解的时间、地点通报相关保险机构，保险机构可以派员以第三人的身份参加调解。经农机安全监理机构主持达成的调解协议，可以作为保险理赔的依据，被保险人据此申请赔偿保险金的，保险人应当按照法律规定和合同约定进行赔偿。

第四十条　事故调解参加人员包括：

（一）事故当事人及其代理人或损害赔偿的权利人、义务人；

（二）农业机械所有人或者管理人；

（三）农机安全监理机构认为有必要参加的其他人员。

委托代理人应当出具由委托人签名或者盖章的授权委托书。授权委托书应当载明委托事项和权限。

参加调解的当事人一方不得超过 3 人。

第四十一条　调解农机事故损害赔偿争议，按下列程序进行：

（一）告知各方当事人的权利、义务；

（二）听取各方当事人的请求；

（三）根据农机事故认定书的事实以及相关法律法规，调解达成损害赔偿协议。

第四十二条　调解达成协议的，农机安全监理机构应当制作农机事故损害赔偿调解书送达各方当事人，农机事故损害赔偿调解书经各方当事人共同签字后生效。调解达成协议后当事人反悔的，可以依法向人民法院提起民事诉讼。

农机事故损害赔偿调解书应当载明以下内容：

（一）调解的依据；

（二）农机事故简况和损失情况；

（三）各方的损害赔偿责任及比例；

（四）损害赔偿的项目和数额；

（五）当事人自愿协商达成一致的意见；

（六）赔偿方式和期限；

（七）调解终结日期。

赔付款由当事人自行交接，当事人要求农机安全监理机构转交的，农机安全监理机构可以转交，并在农机事故损害赔偿调解书上附记。

第四十三条 调解不能达成协议的，农机安全监理机构应当终止调解，并制作农机事故损害赔偿调解终结书送达各方当事人。农机事故损害赔偿调解终结书应当载明未达成协议的原因。

第四十四条 调解期间，当事人向人民法院提起民事诉讼、无正当理由不参加调解或者放弃调解的，农机安全监理机构应当终结调解。

第四十五条 农机事故损害赔偿费原则上应当一次性结算付清。对不明身份死者的人身损害赔偿，农机安全监理机构应当将赔偿费交付有关部门保存，待损害赔偿权利人确认后，通知有关部门交付损害赔偿权利人。

第六章　事故报告

第四十六条　省级农机安全监理机构应当按照农业机械化管理统计报表制度按月报送农机事故。农机事故月报的内容包括农机事故起数、伤亡情况、直接经济损失和事故发生的原因等情况。

第四十七条　发生较大以上的农机事故，事故发生地农机安全监理机构应当立即向农业机械化主管部门报告，并逐级上报至农业部农机监理总站。每级上报时间不得超过 2 小时。必要时，农机安全监理机构可以越级上报事故情况。

农机事故快报应当包括下列内容：

（一）事故发生的时间、地点、天气以及事故现场情况；

（二）操作人姓名、住址、持证等情况；

（三）事故造成的伤亡人数（包括下落不明的人数）及伤亡人员的基本情况、初步估计的直接经济损失；

（四）发生事故的农业机械机型、牌证号、是否载有危险物品及危险物品的种类等；

（五）事故发生的简要经过；

（六）已经采取的措施；

（七）其他应当报告的情况。

农机事故发生之日起 7 日内，事故造成的伤亡人数发生变化的，应当及时补报。

第四十八条　农机安全监理机构应当每月对农机事故情况进行分析评估，向农业机械化主管部门提交事故情况和分析评估报告。

农业部每半年发布一次相关信息，通报典型的较大以上农机事故。省级农业机械化主管部门每季度发布一次相关信息，通报典型农机事故。

第七章　罚　则

第四十九条　农业机械化主管部门及其农机安全监理机构有下列行为之一的，对直接负责的主管人员和其他直接责任人员依法给予行政处分；构成犯罪的，依法移送司法机关追究刑事责任：

（一）不依法处理农机事故或者不依法出具农机事故认定书等有关材料的；

（二）迟报、漏报、谎报或者瞒报事故的；

（三）阻碍、干涉事故调查工作的；

（四）其他依法应当追究责任的行为。

第五十条　农机事故处理员有下列行为之一的，依法给予行政处分；构成犯罪的，依法移送司法机关追究刑事责任：

（一）不立即实施事故抢救的；

（二）在事故调查处理期间擅离职守的；

（三）利用职务之便，非法占有他人财产的；

（四）索取、收受贿赂的；

（五）故意或者过失造成认定事实错误、违反法定程序的；

（六）应当回避而未回避影响事故公正处理的；

（七）其他影响公正处理事故的。

第五十一条　当事人有农机安全违法行为的，农机安全监理机构应当在作出农机事故认定之日起5日内，依照《农业机械安全监督管理条例》作出处罚。

农机事故肇事人构成犯罪的，农机安全监理机构应当在人民法院作出的有罪判决生效后，依法吊销其操作证件；拖拉机驾驶人有逃逸情形的，应当同时依法作出终生不得重新取得拖拉机驾驶证的决定。

第八章 附 则

第五十二条 农机事故处理文书表格格式、农机事故处理专用印章式样由农业部统一制定。

第五十三条 涉外农机事故应当按照本办法处理，并通知外事部门派员协助。国家另有规定的，从其规定。

第五十四条 本办法规定的“日”是指工作日，不含法定节假日。

第五十五条 本办法自2011年3月1日起施行。

农业部关于加强农机事故应急管理工作的意见

农机发〔2011〕1号

各省、自治区、直辖市农机管理局（办公室）：

为贯彻落实《中华人民共和国突发事件应对法》、《农机安全监督管理条例》、《生产安全事故报告和调查处理条例》、《国家突发公共事件总体应急预案》和《国家生产安全事故灾难应急预案》等法规及有关规定，规范农机事故的应急管理和应急响应程序，提高事故预防和应急处置能力，科学有效地做好农机事故应急救援工作，最大限度地预防和减少农机事故及其造成的人员伤亡和财产损失，提出如下意见。

一、充分认识做好农机事故应急管理工作的重要意义

我国每年发生农机事故近万起，死伤近万人，给人民生命财产造成了巨大损失。随着农机拥有量快速增长，作业领域不断拓宽，操作人员持续增多，农机安全隐患也日渐突出。加强农机事故应急救援工作，积极预防和妥善处置突发农机事故，是深入贯彻落实科学发展观、推进社会主义和谐社会建设的重要举措，有利于保护人民生命财产安全、保障农村社会的和谐稳定，促进农机化科学发展。各级农机化主管部门和安全监理机构要充分认识做好农机事故应急管理和应急处置工作的重要意义，进一步增强紧迫感、责任感，将农机事故应急管理和处置工作放在更加突出的位置，认真抓紧抓好。

二、进一步明确应急管理工作的原则

各地要坚持“以人为本、属地管理、预防为主”的原则，认真做好农机事故应急管理和处置工作。要坚持以人为本原则，把保障人民群众生命财产安全作为出发点和着力点，提早预警、及时响应、科学应对、有效处置，最大限度地预防和减少农机事故造成的人员伤亡。要坚持属地管理原则，在地方人民政府领导下，与其他相关部门通力合作，按照各自职责和权限，做好应急管理和应急处置工作。要坚持预防为主原则，切实贯彻落实“安全第一、预防为主、综合治理”的方针，强化事故预防与做好应急处置工作相结合，加强安全宣传与教育培训工作，做好农机事故的预防、预测、预警和预报工作。

三、建立健全农机事故应急预案和组织体系

各地要深入贯彻《中华人民共和国突发事件应对法》，以《国家生产安全事故灾难应急预案》为指导，制定相应的农机事故应急预案，明确农机化主管部门及农机安全监理机构的职责，建立协作、高效的应急指挥体系和现场处置程序。要结合实际情况，及时修订、完善相应的农机事故应急预案，不断增强应急预案的实效性、科学性和可操作性。各级农机化主管部门制定、修订预案后，要及时送报上一级农机化主管部门备案。要建立应急预案演练和评估制度，根据国务院应急办编制的《突发事件应急演练指南》，有计划、有组织、有针对性地开展应急演练，不断提升应急队伍实战水平。

各级农机化主管部门要进一步完善农机事故应急救援组织体系，成立相应的农机事故应急领导机构、现场应急救援指挥机构和日常管理机构。应急领导机构由主管农机化工作的负责人兼任组长，农机化行政管理机构、农机监理机构负责人兼任副组长，成员由相关负责人兼任。现场应急救援指挥部由事发地人民政府农机化主管部门和先期抵达现场的救援力量构成。指挥部总指挥一般由农机安全监理机构负责同志担任。现场应急救援指挥部负责现场处置农机事故，协调事故处置过程中的各种关系，及时向应急领导机构指挥部报告事故发展及救援情况，农机事故应急处置的日常管理机构一般设在相应的农机监理机构，负责 24 小时农机事故接报工作，接收、处理农机事故信息，跟踪了解与农机事故相关的突发事件。

四、切实强化农机事故预测预警工作

各级农机化主管部门应当加强对农机事故隐患的排查，对可能引发农机事故的隐患和苗头，进行全面评估和预测，做到早发现、早报告、早解决。有条件地区要建立农机事故的预测评估系统，对事故隐患发展态势及其影响进行综合分析预测。农机安全监理机构应及时将可能引发农机事故的险情、或者其它灾害、灾难可能引发事故的重要信息，报送上级农机安全监理机构和同级农机化主管部门，提出预警建议。各级农机化主管部门在接到可能导致农机事故的信息后，要组织农机监理机构按照应急预案及时研究确定应对方案，采取相应行动预防事故发生。

五、认真做好分级响应和应急处置

根据农机事故等级标准，农机化主管部门的应急响应级别分为部、省、地（市）、县四级。发生特别重大农机事故，由农业部启动应急响应（Ⅰ级），并立即报请国务院指导、协调事故的处置工作，派人员赶赴现场指挥农机事故的应急处置工作。发生重大农机事故，由省级农机化主管部门启动应急响应（Ⅱ

级)，并派人员赶赴现场指挥农机事故的应急处置工作。发生较大农机事故，由地（市）级农机化主管部门启动应急响应（Ⅲ级)，并派人员赶赴现场指挥农机事故的应急处置工作。发生一般农机事故，由县级农机化主管部门启动应急响应（Ⅳ级)，并现场指挥农机事故的应急处置工作。各地要结合本地区实际，进一步确定Ⅱ、Ⅲ、Ⅳ级农机事故应急响应程序。需要有关应急力量支援时，及时向上一级农机主管部门提出请。

农机安全事故发生后，事发地农机化主管部门和农机监理机构要按职责分工立即启动应急预案，派人赶赴现场，抢救受伤人员，保护好现场，控制事故机具和驾驶人员，防止事态扩大；造成人员死亡的，要向事故发生地的公安机关报告。农机化主管部门要按属地管理原则，在本级人民地方政府的领导下，加强与相关部门的协调配合，及时向有关部门（单位）通报事故基本情况和救援进展情况，全力做好应急处置工作。

六、及时报送农机事故应急信息

事故发生地农机安全监理机构要严格执行农机事故应急值班制度，确保通信网络畅通，及时接收农机事故信息，并经迅速核实事故有关情况后，立即按规定进行上报。

特别重大或者重大农机事故发生后，事发地农机安全监理机构应通过电话、传真等形式立即报告本级农机化主管部门，确保在事故发生 2 小时内报告至农业部农机监理总站。农业部农机监理总站接到报告后，在 1 小时内报告农业部安全生产委员会办公室和农业部农机化管理司。

发生较大农机事故后，接到报告的各级农机安全监理机构应通过电话、传真等形式立即报告本级农机化主管部门，并逐级报告至农业部农机监理总站，每级间隔时间不得超过2小时。农业部农机监理总站接到报告后，在1小时内报告农业部安全生产委员会办公室和农业部农机化管理司。

特殊情况下，事发地农机安全监理机构可以通过电话、传真等形式，直接将较大、重大、特别重大农机事故向上级农机化主管部门和农业部农机监理总站报告。

七、全面落实应急工作的保障措施

各级农机化主管部门要将农机事故应急管理作为一项重要工作，加强领导，落实责任。要建立健全农机事故应急管理工作责任制，并将落实情况纳入农机化工作目标考核的内容，对有失职、渎职、玩忽职守等行为延误事故处理工作的，要依法依纪追究责任。要加强农机事故救援处置装备建设，配备必要的应急救援装备，确保通讯畅通，确保应急救援工作的顺利实施。要建立健全以农机安全监理人员为基础的应急队伍，形成规模适度、管理规范的应急队伍体系。要加强相关宣传教育，广泛宣传农机安全生产应急处置的相关知识，提高农机驾驶（操作）人员预防、避险、避灾、自救、互救等技能；定期开展应急培训工作，加强对应急处置相关人员的培训，提高其业务素质和专业技能。基层农机化主管部门每年至少要组织一次本系统、本单位农机事故应急演练。要加强对下一级农机事故应急预案制定、培训、演练和预案的执行情况等进行指导、督促和检查，切实高农机事故应急处置水平。

农业部

二〇一一年一月二十一日

农业部关于进一步加强农机安全工作的通知

农机发〔2012〕1号

各省、自治区、直辖市及计划单列市农机（农业、农牧）局（厅、委、办），新疆生产建设兵团农业局，黑龙江省农垦总局，广东省农垦总局：

为认真贯彻落实《国务院关于加强道路交通安全工作的意见》（国发〔2012〕30号，以下简称《意见》），深入实施《农业机械安全监督管理条例》，进一步加强农机安全工作，保障人民群众生命财产安全，现就有关事项通知如下。

一、进一步提高对农机安全工作重要性的认识

最近印发的《国务院关于加强道路交通安全工作的意见》，明确将加强农机安全工作作为加强道路交通安全的重要措施，要求发挥农机安全监理机构作用、完善农业机械安全监督管理体系、加强对农机安全监理机构的支持保障、积极推广应用农机安全技术、加强对拖拉机联合收割机等农业机械的安全管理、将农机安全监理各项经费按规定纳入政府预算等。这些规定，体现了国务院对农机安全生产的高度重视，体现了农机安全在全国安全工作中的重要地位和重要影响。各地要认真学习和贯彻落实《意见》要求以及国务院有关农机安全生产的一系列部署，进一步提高做好农机安全工作对保障农民群众生命财产安全、促进强农惠农富农政策落实、推动农村经济社会稳定发展重要性的认识，牢固树立安全发展意识，切实加强农业机械安

全监督管理，促进农机安全生产形势持续稳定好转。

二、认真落实促进农机安全生产的政策措施

《农业机械安全监督管理条例》、《国务院关于促进农业机械化和农机工业又好又快发展的意见》、《国务院关于加强道路交通安全工作的意见》和《安全生产“十二五”规划》等法规和政策文件，规定了一系列保障农机安全生产的政策措施，各地要进一步采取措施狠抓落实。要落实好保障农业机械安全的财政投入政策，将农机安全监理各项经费按规定纳入政府预算，实行农机定期免费检验制度，将农机安全检验、牌证发放等属于公共财政保障范围的工作经费纳入财政预算，鼓励有条件的地方对农机安全保险进行保费补贴。要积极争取安全投入，大力推广免费监理或补贴监理惠民政策，鼓励对农机牌证发放、安全检验、培训考试、报废回收、事故保险等费用给予补贴。要加大农机安全监理装备建设投入，强化安全检验、驾驶培训、事故处理等农机安全监理技术的研究，积极推广应用反光标识、安全防护罩、动力自动切离等农机安全技术。加强机耕道建设，保障农机作业和转移安全。

三、继续完善农机安全监理规章制度

根据《农业机械安全监督管理条例》规定要求，加快建立报废淘汰农业机械回收制度，规范农机回收和拆解的程序和方法，促进农机更新换代、节能降耗和安全生产。要积极落实《农业机械实地安全检验办法》等规章制度，加快完善农业机械安全检验规范，提升安全检验覆盖面，强化农业机械的安全管理。要严格执行机动车、拖拉机、联合收割机运行安全技术条件，逐步完善其他农业机械运行安全技术条件，提高农机安全性能。要尽快完善各类农业机械的安全操作规程，明确技术要求，规范安全生产操作行为，提高驾驶操作安全水平。进一步完善地方农机安全法规和规范，形成较为完备的农机安全监管制度和标准体系。

四、切实加强农机驾驶操作人员培训

提高驾驶操作人员的安全意识和安全操作水平是保障农机安全的关键之一。各地要严格执行《拖拉机驾驶培训管理办法》、《拖拉机驾驶证申领和使用规定》和《联合收割机及驾驶人安全监理规定》，加强拖拉机、联合收割机等农业机械驾驶操作人员的培训，促进机手熟练掌握驾驶操作技术、安全法规知识等，提高驾驶操作、防险避险、自救互救等技能。要加强对拖拉机驾驶培训机构的管理和监督检查，严格执行培训资格管理制度，鼓励培训机构改善培训条件，创新培训方法，改进培训手段，提高培训效果。要加强培训考试质量监督，积极推广电子桩考仪和无纸化考试技术，严格按照考试科目和程序进行考试，强化驾驶人安全、法制、文明意识和实际操作能力。

五、不断强化农业机械安全的源头管理

农机鉴定机构要严格贯彻强制性安全标准规定，修改完善农业机械试验鉴定大纲，明确各类产品的安全鉴定内容，严禁不符合安全要求的农业机械通过鉴定；要加强对鉴定产品的监督管理，组织开展监督检查，发现生产销售与鉴定产品不一致的，应责成企业限期整改，拒不整改的，应按规定撤销其鉴定证书。农机安全监理机构要严格进行安全检验，对不符合安全技术标准的不予办理注册登记，并应书面告知不予受理、登记的理由；要完善农机安全监理网上审批管理系统，强化信息化建设，完善信息共享机制，加强档案管理，逐步建立拖拉机、联合收割机注册登记信息库，不断提升信息化管理水平。省级农业机械化主管部门应当根据投诉情况和农业安全生产需要，组织开展在用的特定种类农业机械的安全鉴定和重点检查，并公布结果；对不符合强制性安全标准的农业机械，应按照规定取消享受购机补贴的资格。

六、深入开展农机安全隐患排查治理

积极组织开展农机安全执法检查和隐患排查，坚决治理纠正违规违章现象，采取有效措施，大力提高拖拉机、联合收割机上牌率、检验率、持证率，提高安全监管水平。要严格执行法律法规，禁止无牌拖拉机、联合收割机投入使用，禁止无证驾驶操作拖拉机、联合收割机，禁止未按规定检验的农业机械投入生产使用。要进一步规范农机安全监理执法行为，有效治理违规发放牌证的现象，严禁给不符合国家安全标准的农业机械发放牌证，严禁给未经检验或检验不合格的农业机械发放牌证，严禁跨行政区域发放牌证，严禁给非拖拉机发放拖拉机牌证。

七、大力增强农机事故处理和应急救援能力

各地要认真贯彻《农业机械事故处理办法》、《农业部关于加强农机事故应急管理工作的意见》、《道路交通事故社会救助基金管理办法》和《安全生产举报奖励办法》，切实加强农机事故勘查、认定复核、赔偿调解、事故报告、分析评估和应急救援工作，配备必要的人员和事故勘查车辆、现场勘查设备、警示标志、摄像设备、现场标划用具等装备，提高事故处理和应急救援能力。要建立 24 小时值班制度和举报奖励制度，公开事故报告电话，拓宽事故报告渠道。要严格执行农机事故报告制度，严禁迟报、漏报、谎报或瞒报农机事故。要加强与有关部门的协作，及时掌握了解农机道路交通事故情况。要加强对农机事故情况进行分析评估，采取针对性措施减少事故的发生。进一步完善事故应急预案，建立健全应急救援队伍，开展应急演练培训，提高业务素质和专业技能。

八、尽快健全农业机械安全监督管理体系

加强对农机安全监理机构的支持保障，积极推进安全监理机构参公管理。加强农机安全监理队伍建设，合理设置农机考试、检验、宣传、事故、牌证等岗位和配备人员，加大政策法规、业务知识和岗位技能培训力度，提高人员素质。加强装备建设，提高农机安全监督检查、实地检验、事故勘察、信息平台等装备水平，改善执法服务手段，提升农机安全监理服务能力。充分发挥农机合作社、作业协会和乡村农机安全员的作用，建立专兼职安全管理队伍。加强农机安全监理人员作风建设，深入开展“为民服务创先争优”农机安全监理示范窗口和示范标兵创建活动，增强服务意识，改进工作作风，提高业务水平，更好地为广大农民群众服务。

九、积极推进农机安全监管机制创新

进一步转变农机安全监理方式，促进监管环节向农业机械化全过程转变，监管范围向所有农业机械转变，监管方式向管理与服务并重转变，监管手段向现代化转变。积极组织开展“平安农机”创建活动，把“平安农机”创建工作纳入政府安全生产考核目标体系，健全安全生产责任制，加强对创建活动的考核。建立部门协作机制，加强与安监、公安、交通等部门合作，形成监管合力，共同促进农机安全生产。鼓励农业机械操作人员、维修技术人员参加职业技能培训和依法成立安全互助组织，提高农业机械安全操作水平。

十、努力建设农机安全生产文化

按照《意见》和《国务院安委会办公室关于大力推进安全生产文化建设的指导意见》，加强农机安全文化建设，强化安全生产思想基础和文化支撑。加强农机安全宣传工作，大力宣传党中央、国务院关于加强安全生产工作的方针政策，广泛宣传农机安全监理先进典型、成功经验和显著成效。创新宣传教育方法，以农村学校、驾驶培训机构、农机合作社和农民机手为重点，广泛宣传农机安全法律法规、规章标准和安全知识。拓展安全宣传渠道，深入开展农机“安全生产月”、“安全生产咨询日”等群众性安全文化活动，充分利用演讲、展览、征文、书画、歌咏、文艺汇演、移动媒体等群众喜闻乐见的形式，增强活动实效。加强农机安全文化理论创新，推出一批安全文化理论成果。大力开展农机安全文化创作竞赛活动，推出一批优秀安全生产宣传产品，满足农民群众对安全生产多方面、多层次、多样化的精神文化需求。调动文艺创作的积极性和创造性，鼓励社会各界参与创作更多反映农机安全生产的优秀剧目、图书、影视片、宣传画、音乐作品及公益广告等，加快安全文化产品推广，提高安全文化素质。

农业部

2012 年 9 月 23 日

农机安全监理专项经费管理暂行办法

办财（2012）14 号

第一条 为加强农机安全监理专项经费的管理和监督，提高资金使用效益，预防和减少农业机械事故，保障人民生命和财产安全，根据《农业机械安全监督管理条例》、《中央本级项目支出预算管理办法》(财预〔2007〕38 号）及其他相关规定，制定本办法。

第二条 本办法所称农机安全监理专项经费，是指农业机械化主管部门依法对用于农业生产及其产品初加工等相关农事活动的机械、设备及其驾驶操作人员进行安全监督管理的财政专项资金。

第三条 农机安全监理专项经费实行项目管理，由农业部组织实施，项目承担单位具体实施。

第四条 农业部农机化司负责项目的组织实施和监督检查；农业部财务司负责制定农机安全监理专项经费资金的管理制度，组织编制并审核预、决算，下达项目经费，对预算执行履行监管职责。

第五条 农业部农机化司、部属单位，地方农机化主管部门、农机监理机构及有关科研院所等项目承担单位负责项目的预算编制、申报和执行，开展会计核算、资金支付、政府采购等业务，接受农业部财务司及有关部门对预算执行的监督检查。

第六条 农机安全监理专项经费应严格按照预算批复执行，

主要用于加强农机安全监督管理，建立农机安全生产责任制，健全农机安全运行标准、安全检验标准和安全操作规程，开展农机安全宣传教育培训，开展相关政策规划等研究和农机安全创建等活动，指导农机监理业务规范化建设和重大农机事故处理，开发推广安全技术与装备，开展农机安全防护性能技术改造和安全生产专项检查及安全隐患整治，定期分析评估和发布农业机械安全使用相关信息，进行农机安全监理信息化建设等。

第七条 项目承担单位应当严格按照本办法规定的经费开支范围办理支出，不得挪作他用。

第八条 农业部根据农机安全监理工作需要和预算规模，组织提出项目工作计划，确定项目承担单位和下达年度项目计划，年度项目计划包括年度目标任务、实施计划、经费测算等内容。

第九条 项目承担单位根据年度项目计划，制定实施方案，内容包括年度目标、实施步骤、人员安排、资金测算等。地方承担单位的实施方案经省级农机主管部门审核后报送农业部，农业部部属单位和其他有关单位的实施方案直接报送农业部。

第十条 农业部审核项目承担单位的实施方案，审核通过后按照国家财政资金拨付有关要求下达项目资金。

第十一条 项目承担单位要严格执行国家有关财经法规，建立项目资金明细账，确保专款专用，科学、合理、有效地使用项目资金。

第十二条 项目承担单位应按照部门决算编报要求，编制报送农机安全监理专项经费的决算。

第十三条 农机安全监理专项经费的资金支付按照国库集

中支付管理的有关规定执行。经费使用中涉及政府采购的，严格按照政府采购有关规定执行。

第十四条 项目承担单位要开展项目执行情况年度总结。项目承担单位是省级及以下农机化工作部门和单位的，项目执行情况总结报告经省级农机化主管部门审核后，于12月31日前报送农业部。部属单位和其他项目承担单位，于12月31日前直接向农业部报送项目执行情况总结报告。农业部将本年度项目执行情况作为下一年度项目资金安排的重要依据。

第十五条 项目承担单位应定期组织项目自查，农业部财务司组织开展实行重点抽查。对检查中发现的套取、挤占、挪用项目资金的行为，按照《财政违法行为处罚处分条例》等有关法律法规给予处罚。

第十六条 本办法由农业部财务司负责解释。

第十七条 本办法自发布之日起施行。

农业部

2012年1月30日

农业部关于进一步加强农机安全监理工作的意见

农机发〔2011〕5号

各省、自治区、直辖市及计划单列市农机管理局（办公室），新疆生产建设兵团农机局，黑龙江农垦总局农机局：

加强农机安全监理工作是推进农业机械化安全发展、科学发展、和谐发展的必然要求。近年来，我国农机安全法规体系不断完善，安全监理工作逐步规范，安全生产形势持续稳定，但农机事故隐患多、安全监理手段弱等问题依然存在。为深入实施《农业机械安全监督管理条例》，认真贯彻落实《国务院关于促进农业机械化和农机工业又好又快发展的意见》，依法监理，强化措施，落实责任，规范管理，促进农业机械化安全发展，现就进一步加强农机安全监理工作提出如下意见：

一、充分认识加强农机安全监理工作的重大意义

农机安全生产是国家安全生产工作的重要组成部分，直接关系到广大农民群众的生命财产安全。加强农机安全监理工作，认真履行社会管理和公共服务职责，消除农机事故隐患，遏制重大农机事故发生，保障农机安全生产，对于促进农业机械化、农业生产、农村经济又好又快发展和农村社会的和谐稳定具有十分重要的意义。我国农业机械化正处在加快发展、结构改善、质量提升的重要阶段，农业机械及驾驶操作人员大幅增长，农机事故处于多发易发期，保持农机安全生产形势持续

稳定好转，任务艰巨，责任重大。各级农业机械化主管部门及其农机安全监理机构必须高度重视农机安全监理工作，始终坚持以人为本、执政为民，牢固树立忧患意识、责任意识，进一步增强使命感、紧迫感，依法履行职责，加强安全监理，为推动农业机械化科学发展，促进农村社会和谐稳定发挥重要作用。

二、进一步明确农机安全监理工作的指导思想和目标任务

指导思想：深入贯彻落实科学发展观，适应农业机械化快速发展的新形势和安全发展的新要求，坚持安全第一、预防为主、综合治理的方针，遵循以人为本、预防事故、保障安全、促进发展的原则，以改革创新为动力，以全面实施《农业机械安全监督管理条例》为主线，以提高上牌率、检验率、持证率为重点，以创建“平安农机”为载体，完善规章制度、严格依法监理，加强体系建设、提高监管能力，强化宣传教育、提高安全意识，大力推进农机安全监理方式转变，加强事故防控，努力促进农业机械化安全发展。

目标任务：进一步完善配套规章制度和扶持政策，推进建立农机免费安全检验、以旧换新、回收报废、保险补贴等制度；进一步完善农机安全标准和操作规程，加快装备和信息系统建设，提高标准化、规范化和信息化水平；进一步加强安全监理能力建设，提高关键生产环节、重点机械和重要农时季节的农机安全监管水平；进一步强化宣传和培训，增强农民安全生产意识，提高安全驾驶操作技能；进一步扩大安全监理覆盖面，“十二五”期末农机安全监理上牌率、检验率、持证率“三率”水平力争达到70%以上；进一步开展“平安农机”创建活动，

“十二五”期间创建全国“平安农机”示范县500个以上；进一步规范安全监理执法工作，统一安全监理标志标识，全面提升农机安全监理执法形象和工作水平，保持农机安全生产形势平稳。

三、大力推进农机安全监理方式转变

（一）监管环节由使用操作向农业机械化全过程转变。依照《农业机械安全监督管理条例》规定，积极协调工业、公安、质监、工商等有关部门，加强对农业机械生产、销售、维修、使用与报废等全过程安全监管与服务。将安全理念贯穿于农业机械化科研开发、试验鉴定、安全监理、技术推广、教育培训、维修服务和回收报废等各个环节，统筹协调农业机械化系统各方面力量，突出安全，各司其责，综合治理，共同抓好安全监管工作。

（二）监管范围由拖拉机联合收割机向所有农业机械转变。拓展监管范围，延伸监管领域，创新工作方式方法，全面履行安全监管职责，积极开展危及人身财产安全的农业机械的监督管理。在抓好拖拉机、联合收割机牌证管理的同时，加大力度做好卷帘机、微耕机、机动植保机械、机动脱粒机、饲料粉碎机、插秧机、铡草机等农业机械的监督管理工作，因地制宜开展监督检查，排查事故隐患。进一步扩大职业技能鉴定范围，提高安全生产意识和操作技能。

（三）监管方式由重管理向管理与服务并重转变。坚持寓管理于服务之中。农机安全监管工作要与安全宣传和驾驶操作培训等安全服务有机结合起来，主动深入生产一线为农民服务。推进执法依据、办事程序、收费标准、办事人员、办事结果公开，实行承诺服务和首问负责制，推进一站式业务办理模式。创新安全服务方式，积极推进培训服务到乡村、实地检验到村屯、隐患排查到田头、技术咨询到农户、信息发布到机手的安全服务形式。及时做好农机事故认定和调解工作，化解矛盾，维护社会和谐稳定。

（四）监管手段由传统向现代化转变。紧紧依靠科技进步提高安全管理水平，积极推进农机安全监管手段由传统经验方式向应用现代科学仪器方式转变。加强农机安全生产科技创新工作，研发、装备和运用高科技安全检查、检验、驾驶操作人考试、事故处理的技术与仪器设备，充分发挥科学技术对农机安全生产的支撑和保障作用，提高农机安全工作效率和质量。依托现代信息技术，集成行政审批、政务公开、数据采集、宣传教育、信息发布等功能，实现各项业务互通互联、信息数据共享，推进各项安全监管业务信息化建设。

四、进一步加强农机安全法制化建设

进一步完善与《农业机械安全监督管理条例》配套的规章制度、安全标准和操作规程，推进农机安全监理法制化建设。加快制定农业机械实地安全检验办法，推进危及人身财产安全的农业机械免费实地安全检验制度的建立。加快制定农业机械以旧换新和报废回收办法，制定完善农机禁用和报废标准，规范农机回收解体或销毁的程序和方法，促进农机更新换代和节能降耗。加快制定农机安全标准和操作规程，明确技术要求，规范操作行为，提高农机质量安全和操作使用水平。加快制定地方农机安全法规、标准和操作规程，形成较为完备的农机安全法规体系。

进一步加强安全执法，严格依法监管。规范牌证管理，依法将拖拉机和联合收割机纳入注册登记管理，严格按照规定程序办理牌证业务，严禁跨行政区域发放牌证，严禁给不符合国家安全标准的发放牌证，严禁给安全检验不合格的发放牌证，严禁给未经考试或考试不合格的人员核发驾驶操作证。严格执行《道路交通安全法》、《机动车交通事故责任强制保险条例》的规定，在注册登记、年度检验时，加强对上道路拖拉机运输机组查验交强险投保证明。规范农机培训，结合“阳光工程”的实施，加大农机驾驶操作人员教育培训扶持力度，提高培训质量，确保机手熟练掌握驾驶操作技术、安全法规知识和取得法定的驾驶操作证件。规范执法行为，严格按照《农业机械安全监督管理条例》的规定，农机安全监理执法人员进行安全监督检查时，佩戴统一标志，出示行政执法证件，监督检查、事故勘察车辆喷涂统一标识。

五、积极创新农机安全监管工作机制

推进免费安全检验制度的建立。积极推广免费开展实地安全检验、免费发放牌证、免费培训考试的经验和做法，创新安全监管工作机制。鼓励驾驶操作人员、维修技术人员依法成立安全互助组织。鼓励安全互助组织提供安全救助和安全生产信息等服务。鼓励以师带徒传授农机安全知识和操作技能。探索多种形式的农机保险制度，加强农机综合保险和安全互助保险研究，推动将农机保险纳入农业政策性保险，争取财政资金对农机保险保费给予补贴，不断提高保险服务水平。深入推进“创建平安农机、促进新农村建设”活动，以创建“平安农机”示范县、示范乡、示范村、示范合作组织和示范户为载体，广泛开展农机安全宣传教育，不断提高农民群众农机安全意识，建立健全政府负责、农机主抓、部门配合、群众参与的农机安全监管工作长效机制。

六、努力加强农机安全监理能力建设

加强监理机构和队伍建设，明确农机安全监理工作的行政执法性质，积极推进农机安全监理机构参公管理，强化农机安全监理机构，充实力量，合理设置岗位和配备人员，强化检验、考试、事故处理等业务培训，提高农机安全监理人员素质。加强装备建设，落实《农业机械安全监督管理条例》有关“保障农业机械安全的财政投入”的规定，提高农机安全监督检查、实地检验、事故勘察、信息系统等装备能力，改善执法服务手段。加强文化建设，组织开展农机安全监理宣传作品竞赛活动，推出一批优秀的农机安全宣传作品。加强行风建设，积极开展创先争优活动，建立健全监督机制和廉政风险防控机制，坚决惩治和有效预防失职渎职和违法行为，树立求真务实、开拓创新、清正廉洁、文明高效的农机安全监理精神风貌。

七、切实加强农机安全监理工作的组织领导

各级农业机械化主管部门要积极争取政府对农机安全生产的重视，将农机安全生产纳入当地国民经济和社会发展规划，列入政府考核目标，争取加大财政和基本建设投入，保障工作经费，改善装备条件，营造良好的工作环境。要把农机安全监理工作摆上重要位置，纳入重要日程，贯穿于农业机械化工作的各方面。农业机械化主管部门及其安全监理机构要建立健全农机安全生产责任制度，层层签订安全生产责任书，切实把农机安全生产责任落实到农机专业合作社、维修站点和农机户等，确保责任到位、安全监管到位。要转变工作作风，周密组织部署，强化工作措施，狠抓工作落实，努力推动农业机械化安全发展。

二〇一一年七月十五日

农业部办公厅关于贯彻落实农机安全监理惠农政策的通知

农办机〔2012〕2号

各省、自治区、直辖市及计划单列市农机（农业、农牧）局（厅、委、办），新疆生产建设兵团农业局，黑龙江省农垦总局：

近年来，国家出台了一系列农机安全监理惠农政策。为进一步推动农业机械化安全发展，贯彻落实好各项农机安全监理惠农政策，现就有关事项通知如下：

一、准确把握农机安全监理惠农政策的基本要求

《农业机械安全监督管理条例》构建了统一完整的农业机械安全监管体系，明确了县级以上人民政府农机安全生产的领导责任，要保障农业机械安全的财政投入。《国务院关于促进农业机械化和农机工业又好又快发展的意见》要求建立健全农机安全使用法规和制度，开展农机使用安全教育，加强基层农机安全监理队伍建设，提高装备水平和监管能力。国务院办公厅印发的《安全生产“十二五”规划》，规定将农机安全检验、牌证发放等属于公共财政保障范围的工作经费纳入财政预算，鼓励有条件的地方对农机安全保险进行保费补贴。财政部和国家发展改革委印发的《关于免征小型微型企业部分行政事业性收费的通知》，要求从2012年起3年内，对小型微型企业免征农机监理行政事业性收费。我部为规范农机安全检验工作，推进安全监管方式转变，推动各地免费实地安全检验制度的建立，公告实施了《农业机械实

地安全检验办法》。这一系列惠农政策的实施为推动我国农业机械化安全发展提出了要求、明确了任务、创造了条件。

二、充分认识农机安全监理惠农政策的重大意义

当前，我国农业机械化整体处于快速发展的黄金机遇期。随着农业机械化快速发展、作业领域拓宽，农机安全事故仍处于多发、易发、高发期，对农机安全监管的需求越来越迫切。农机安全监理惠农政策着眼于以人为本、预防事故、保障安全和促进发展，着力解决农机安全监理长期投入不足、装备落后、手段薄弱等问题，具有很强的针对性、指导性和可操作性，有利于提升农机安全监理地位，提高农机安全监理装备水平，改善农机安全执法条件，增强公共服务能力。农机安全监理惠农政策的制定实施，表明了国家对农机安全监理在保障农民群众生命财产安全、促进农村社会和谐稳定中发挥重要作用的充分肯定，体现了国家对农业机械化安全发展的高度重视。各级农业机械化主管部门及其安全监理机构要统一思想，把力量凝聚到惠农政策提出的各项任务上来，把行动落实到各项惠农政策措施上来，抓住机遇，与时俱进，开拓创新，努力开创农机安全监理工作新局面。

三、推动落实农机安全监理惠农政策措施

各级农业机械化主管部门及其安全监理机构要把贯彻落实农机安全监理惠农政策作为当前重要工作抓紧抓好抓实。要主动向当地政府汇报，明确行政执法职能，推进参公管理，进一步理顺基层安全监理体制，合理设置机构，强化条件手段建设。要积极协调争取财政部门的支持，落实扶持资金，将农机安全监管经费纳入财政预算，形成稳定的农机安全生产财政投入机制；要积极协调落实我部关于农业系统执法执勤用车配备管理

的有关要求，保证行政执法需要。要广泛调研，深入了解农户的需求，找准政策措施的方向和重点，制定切实可行的操作办法。要积极开展试点，推广先进典型，在免费管理、政策性保险、免费实地安全检验等方面取得新的进展。要加强督导，一级抓一级，一级督导一级，层层抓好落实，促进各地在落实农机安全监理惠农政策方面取得新突破。我部将组织对各地落实政策情况进行督导检查。各省区市农业机械化主管部门要将农机安全监理惠农政策督导落实情况分别于2012年6月和11月底前报我部农业机械化管理司（同时报送电子文件和纸制文件）。

四、广泛学习宣传农机安全监理惠农政策措施

贯彻落实好农机安全监理惠农政策，学习宣传是前提。各级农业机械化主管部门及其安全监理机构要把学习宣传贯彻作为当前一项关键工作来抓。要制定学习宣传方案，精心组织，加强领导，掀起一个学习宣传贯彻的高潮。要通过召开座谈会、培训班、知识竞赛、政策解读等多种形式，利用报刊、电视、广播、信息网站、公开栏等多种渠道，广泛深入地开展学习宣传活动，形成强有力的宣传声势。要组织农机安全监理干部职工学深吃透，深刻领会精神实质，用于指导实践，把学习成果转化为认真履行工作职责，提高工作成效的实际行动。通过贯彻各项惠农政策，全面落实各级政府农业机械安全监督管理的责任，充分调动广大农民安全用机的积极性，努力营造全社会关心和支持农业机械化安全发展的良好环境。

农业部办公厅

二〇一二年一月十六日